弁護士さん とにかく分かりやすく 離婚について 教えてください！

弁護士 権田典之

聞き手 小池絢子

彩図社

はじめに

「他の女性と親密に連絡をとっている夫に愛想が尽きた」

「義理の両親にもう耐えられない！　離婚して関わりを断ちたい……」

「他に好きな人ができてしまったので、離婚してその人と再婚したい」

「モラハラに嫌気がさしてもう一緒にいたくない」

「共働きなのに、家事育児は妻の仕事だと思っている夫が不要に思えてきた」


33歳、結婚6年目、ライターとして働きながら5歳と1歳の子供を育てている私の周りには、現在、離婚希望ラッシュが到来しています。最後の「共働きなのに～」は、私自身のことなのですが……。

3人に1人は離婚する時代と言われるだけあって、周囲を見渡すと離婚経験者も少なくありません。離婚してスッキリした、なんていう話を聞くと、羨ましい気持ちは募る一方です。

ただし、結婚していた期間が短く、子供もいない場合には、揉めることもあまりないようなのですが、子持ち離婚希望組はそう簡単にはいかないようです。離婚のために何年も別居をしていたり、裁判を起こしたり……。


確実に親権を得るためにはどうすればいいの？

養育費ってどうなるの？

私1人の収入でも暮らしていける？

慰謝料は貰えるの？

名字はどうなるの？

そもそも離婚できるの？

離婚について考えだすと、疑問と不安で頭がおかしくなりそうでした。そんなことを社内で話していたところ、編集長が言いました。

「それなら、専門家に話を聞いてみたら？　分かりやすく本にまとめられるなら、腕のいい弁護士を紹介してあげるよ」

この渡りに船の申し出に、私は飛びつくことにしたのです。

紹介してもらった権田典之弁護士は、これまで数多くの離婚案件、財産分与案件、慰謝料案件等の男女問題を取扱い、解決に導いてきたそうです。しかも、離婚問題をライフワークの1つと考え、日々、依頼者目線に立ち、依頼者の利益の実現に努めている弁護士さんなんだそうです。なんと心強い。

そんな権田弁護士曰く、日本の場合、9割は、当事者同士の話し合いで決める**「協議離婚」**で行われるとのこと。

たしかに、話し合いで円満に離婚ができれば、それがお互いにとって最良であるような気がします。揉めている姿は子供にもなるべく見せたくありませんし、余計なお金もかかりません。

そこで、協議離婚でこじれずに、できるだけ自分の希望を通すコツと、万が一こじれてしまった時はどうすればいいのかを、権田弁護士に教えてもらうことになりました。

この労力や出費の比較的少ない離婚方法を、共有できればと思いまとめたのが本書です。

同じように離婚について悩んでいるけれど、忙しいし、何もやる気がしない、お金もない、という方に参考にしてもらえると嬉しいです。

小池絢子

もくじ

第1章

協議離婚ってなんですか

第2章

協議離婚の準備 お金編

第3章 協議離婚の準備 子供編

第4章

協議離婚の準備　証拠編

第5章

協議離婚　実践編

第1章
協議離婚って
なんですか

離婚したいのですが、どうすればいいですか？

離婚の種類とは

こんにちは、小池さん。今日は、離婚についてご相談があるということでしたね

はい、夫が子育ても家事も全くしなくて。私も働いているのに、育児も家事も私一人でやっているんだから、もう夫はいらないんじゃないかなと思って。一度そう考えたらそうとしか思えなくなってしまって……**離婚したいんです！**

まあまあ、毎日大変ですよね

そうなんです。離婚したら夫の散らかしたものの片付けや食事の準備もしなくて済むし、楽になると思うんです。離婚するためには裁判とか必要なんでしょうか？

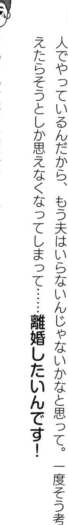

ひとまず落ち着いてください。離婚の場合、最初から裁判にはならないんですよ

そうなんですか？

ときどき、離婚＝裁判と思っている方もいらっしゃるのですが、裁判までいくのはよほど揉めたときなんです。離婚は、**「調停《ちょうてい》前置《ぜんち》主義《しゅぎ》」**といって、調停をしてからではないと裁判ができないことになっているんです

調停……というと？

調停というのは、裁判所の調停委員が、離婚を希望している夫婦の間に入って話を聞き、どこか落としどころがないかを探っていくことです

裁判所の人と一緒に話し合いをするということですか？

まあ、だいたいそんなところです。日本の法律では、離婚する場合は、裁判の前にまず調停手続きをしてくださいね、調停手続きがうまくいかなかったら初めて裁判を起こしてくださいね、ということになっているんですよ

じゃあ、まずはその調停というやつをするんですね！

まあまあ、ちょっと待ってください。調停に進む前に、もう1つステップがあります。それが「協議離婚《きょうぎりこん》」です。**離婚の9割はこの協議離婚で行われます**

協議……？

簡単に言うと**「話し合い」**ですね。まず離婚したい場合は、夫婦で話し合いをして、2人が納得できれば離婚になります。そして、この話し合いがまとまらない場合には、裁判所に調停を申立てて調停離婚という手続きに進みます。そして、そこでも条件が折り合わなかったときに、初めて裁判になるんですよ

協議、調停、裁判離婚の流れ

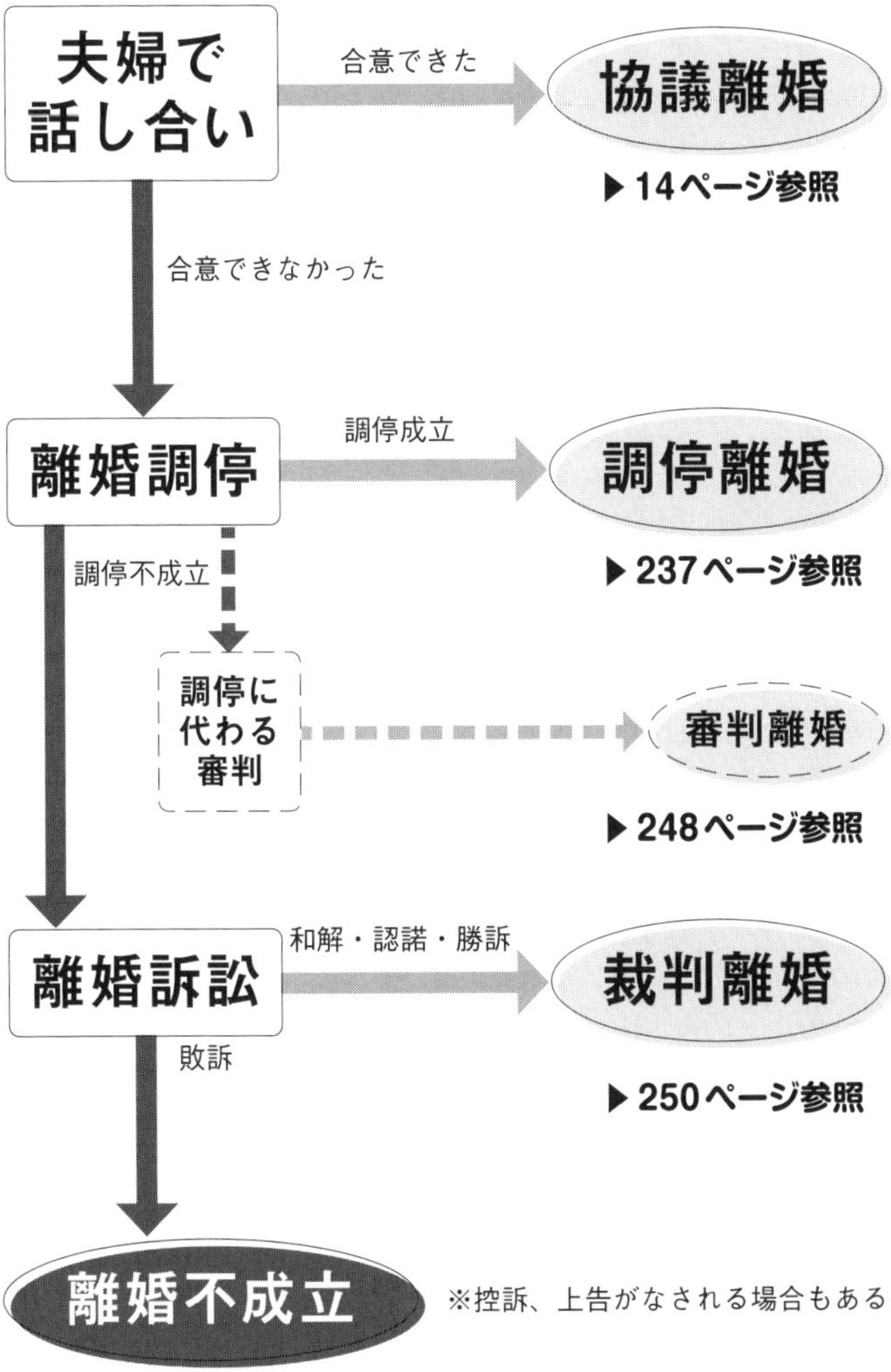

※控訴、上告がなされる場合もある

協議離婚のすすめ

裁判では法定の離婚原因が必要

あとですね、残念ながら、もし裁判をしたとしても、今の小池さんの状況ですと、離婚できない可能性の方が高いです

えっ、裁判では離婚できないってどういうことですか？

裁判をする場合は、法定の離婚原因がないと離婚という判決はおりないんです

法定の離婚原因……？

はい、**裁判で離婚が決まるかどうかは、民法770条に規定されている5つの理由**

に当てはまるかどうかだけが、問題になるんです

▼民法　第770条

1・夫婦の一方は、次に掲げる場合に限り、離婚の訴えを提起することができる。

一　配偶者に不貞《ふてい》な行為があったとき。
二　配偶者から悪意で遺棄《いき》されたとき。
三　配偶者の生死が三年以上明らかでないとき。
四　配偶者が強度の精神病にかかり、回復の見込みがないとき。
五　その他婚姻を継続し難い重大な事由《じゆう》があるとき。

2・裁判所は、前項第一号から第四号までに掲げる事由がある場合であっても、一切の事情を考慮して婚姻の継続を相当と認めるときは、離婚の請求を棄却《ききゃく》することができる。

つまり、①配偶者の不貞行為、②悪意の遺棄、③配偶者の生死が3年以上明らかでない、④配偶者が強度の精神病にかかり回復の見込みがない、⑤その他婚姻を継続し難い重大な事由がある、という5つの中に当てはまらないと、離婚の請求は棄却される、つまり認めてもらうことができないんです

法定の離婚原因とは何か？

ふてい…こうい？　すみません、もっと分かりやすくお願いできますか？

①の不貞行為は、夫婦、パートナー以外と性的な行為に及んでしまった時ですね

つまり浮気ですか？

まあそうなのですが、キスや親密に連絡を取っていたという程度ではだめで、肉体関係があることが要件になります

一般的な浮気とは少し違うんですね。**②の「悪意の遺棄」**はどんなことを指しているんですか？

生活費を払わずにどこかに行ってしまい帰って来ない、というようなケースですね

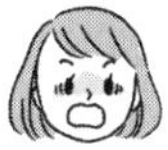

それは困りますね。**③配偶者の生死が3年以上明らかでないとき**、……ってそんな事あるんですか？

例えば船が沈没してしまい3年くらい生死不明、または戦争に行って生死不明です、というようなケースですね

なるほど、いつまでも、生きているか死んでいるか分からないのに待ち続けるのは辛いですものね。**④の配偶者が強度の精神病にかかり回復の見込みがないとき**、というのは、うつ病とかですか？

うつ病程度ですと、強度の精神病と言えるかはかなり疑問があります。本当に強度

の精神病で、回復の見込みがないということが必要となってきます

どんな場合に回復の見込みがないと判断されるんですか?

これはケースバイケースなので裁判をしてみないと分からないのですが、アルツハイマー病は、全く回復の見込みのない状態で離婚が認められたケースがあります。統合失調症では、離婚が認められたケース、認められなかったケースがありますね

なるほど。でも、病気になったら捨てられてしまうというのは、ちょっと辛い気もしますね……。一方で、相手が病気になってしまったら大変で手を引きたくなる気持ちも分かる気がします

そうですね。そのため、「精神病にかかって回復の見込みがないとき」には厳しい要件があります。仮にこの770条の4号の要件にあたるとしても、精神病にかかった配偶者が放置されて生活困難になってしまうのは問題なので、別れた後も経済的な援助をしてあげますよとか、誰か他に世話をする人がいますよといった、事

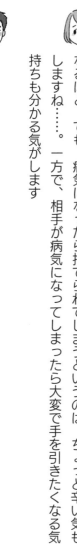

後的な対応策が確定していなければ、基本的に裁判所は認めてくれないんです

ポンっと放り出すことはできないようになっているんですね。**⑤その他婚姻を継続し難い重大な事由があるとき**、というのは、どういうことを指すんですか？

例えば、性格の不一致、いわゆるセックスレス、宗教の問題、結婚当事者以外、つまり親族等とのトラブル、浪費、働かない、犯罪行為に配偶者が手を染めた等、1号から4号までに規定のない事情が、この「その他婚姻を継続し難い重大な事由」に相当するかどうかというのを裁判で判断することになります

「破綻主義」とは何か

「その他婚姻を継続し難い重大な事由があるとき」って、結構たくさんの理由が含まれるんですね。でも、相当するとかしないとかって、なんだか曖昧《あいまい》ですね

現在は基本的には、**「破《は》綻《たん》主《しゅ》義《ぎ》」**といって、婚姻生活が壊れてしまっていて修復不

能と判断されるような場合に離婚が認められることが多いですね

婚姻生活が壊れている……ってどんな状況ですか?

長期間別居していて夫婦間で接触がない等、お互いに婚姻を継続する意思がないような状態です。昔は有責主義《ゆうせきしゅぎ》といって、有責配偶者、つまり法定の離婚原因を作った方からの離婚請求は基本的には認められなかったのですが、現在は、客観的に見て婚姻が破綻していて回復は困難と判断できるようであれば、有責配偶者からの離婚請求も認められることが増えてきました

「もうやり直せない」という客観的な事実があれば、理由はどうであれ、裁判になっても離婚を認めてもらえる可能性があるのですね

【その他婚姻を継続し難い重大な事由の例1】性格の不一致

そうすると、例えば性格の不一致なら、どういう場合に「相当する」と判断される

のですか？　私、性格の不一致って、味付けの好みが合わないとか、ずぼらとか几帳面とか、そういうことだと思っていました

その程度ですと裁判で認められるのは難しいでしょう。裁判例でも、医師である夫が、「育児も不満足なうえに病院運営を阻害する看護師の妻と離婚したい」と訴えたケースでは、妻の「主婦として、看護師として、できる限りのことをしてきた」という主張が認められ、「お互いに理解し合い、受容し合う気持ちが欠けていたが、これは将来互いに努力し合うことで克服できる」として棄却されています

努力すれば克服できそうな状態では離婚は認められないんですね。性格の不一致で離婚するのは難しそうですね

性格の不一致を理由に離婚が認められるというよりも、性格の不一致を原因に何年も別居を重ね、その結果、婚姻関係が破綻していると判断されて離婚に至るというケースがほとんどですね

なるほど、やはり婚姻生活が破綻していると提示できないといけないんですね

【その他婚姻を継続し難い重大な事由の例2】　セックスレス

次に、最近話題になることが多いセックスレスについてですが、夜の営みというのは夫婦として当然のものなので、正当な理由なく一方的に拒否する、されるというのは離婚原因となる可能性は高いですね

正当な理由なく……これも裁判例があるんですか？

旦那さんがＡＶやいやらしい本ばかりに興味をもち、奥さんに一切興味がなくなり、セックスレスになってしまったというケースで離婚が認められています

なるほど

セックスレスに関しては、いつどのように拒まれたのか、それがどれくらいの期間

か、セックスレスから脱するために何か努力をしたのか等が争点になりますので、日記等の証拠を残しておくことが必要です

証拠を残すことで、客観的に理由が伝えられるようになるんですね

【その他婚姻を継続し難い重大な事由の例3】親族との不和

相談で多いのは、相手のご両親との不和ですね。不和があるだけでは離婚は認められにくいのですが、両親とパートナーの間に不和が生じた時にきちんと仲を取りもたないと、それが夫婦関係の破綻につながり、離婚原因となることがあります

「仲を取りもつ努力をしているかどうか」がポイントになるんですか?

はい。パートナーと親族の不和だけで離婚が認められたケースもありますが、不和を放置していたことが原因で離婚が認められたケースの方が多いです

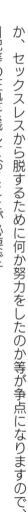

たしかに放置は酷いですよね！　自分の親族のことなんだから、ちゃんと間に入ってほしいですね

【その他婚姻を継続し難い重大な事由の例4】宗教

あと、宗教も不和の原因となりがちなのですが、宗教については憲法に信仰の自由が認められていますので、基本的には宗教に入ったからといって離婚原因になることはありません。ただ、相手に宗教を強要すること等が行き過ぎると、夫婦関係はおかしくなってしまいますよね

確かに、いくら夫婦でも必ずしも同じものを信じられるとは限らないし、押し付けられるのも嫌ですよね

基本的にはお互いの宗教に対しては寛容な立場をとることが大事だと思います。度を越して相手に強要したり、日常生活が送れないくらい宗教にはまってしまう、例えば何日も宗教の方に行って帰って来ない等、そういう風になれば当然、婚姻生活

は破綻していると判断され、離婚原因になるでしょう

【その他婚姻を継続し難い重大な事由の例5】ギャンブル

あとは、過去の裁判例では、仕事をせずに賭けマージャンばかりしていた旦那さんに対する離婚請求が認められた案件がありますね

うちもパチンコをやってるなぁ。でも仕事をしないとなるとレベルが違いますね

そうですね、ただやっているだけではダメで、生活費を使い込んでしまうとか、約束を守らないといった、婚姻生活の破綻と認定されるような状態が必要です

【その他婚姻を継続し難い重大な事由の例6】浪費

逆に、奥さんが使い込みで旦那さんから離婚請求されているケースもあります。旦那さんの財産を管理している方も多いと思いますが、生活費を使い込んでブランド

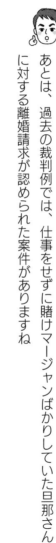

物のバッグを買ったりしていると、離婚請求されてしまう可能性もあるので気を付けた方がいいかもしれないですね

実際ブランド物を買い漁って離婚になったケースがあるんですか？

私が担当した案件では結構ありましたね。ケースによりますが、数百万とか数千万使われてしまった方もいらっしゃいましたね

数千万……！　確かに相手が財産をいつの間にか何千万も使い込んでいたら、安心して結婚生活を続けることなんてできないですよね……

そういう方は稼いでいるので、お金の管理を自分でせず奥さんに任せてしまっていたのも原因ではあるんですけれどね

協議離婚なら法定の離婚原因は必要ない

ザックリ見てきましたが、このように明確な法定の離婚原因がない場合、夫婦関係が破綻していて、回復は不可能であるということを立証し、裁判所で認められる必要があります

……そうすると……**私は離婚できないんですか!?**

まあまあ、落ち着いて。裁判では難しいですが、協議離婚でしたらお互いが納得すれば離婚が成立するので、明確な法定の離婚原因がなくとも離婚は可能です

つまり、**夫と話し合って離婚にお互いが同意するしかない**ということなんですね

そうですね。相手が暴力を振るうとか、家に帰って来ないという場合以外は、まず話し合いをするのが良いでしょう

……分かりました。ちなみに、ＤＶがあったり、相手が家に帰ってこない場合はどうするんですか?

DVがあるようなら身の安全の確保が大事ですので、まずは一刻も早く別居をしてください。弁護士か警察署、もしくは配偶者暴力相談支援センターや社会福祉事務所に相談するのも良いでしょう。警察は＃9110で電話相談もできます。そして離婚をするなら、はじめから調停を行うことになると思います。相手が家に帰って来ない場合も、話し合いは難しいので調停からですね

DVがある場合はまずは避難が大事なんですね。他の法定の離婚原因がある場合も調停から始めればいいんですか?

いえ、法定の離婚原因があったとしても、まずは話し合いをして、折り合いがつかなければ調停、それでもダメなら裁判、というのが一般的な流れです

その他の協議離婚のメリット

あと、「協議離婚」は、裁判等よりも後にしこりが残らないので、その点でもお勧

めです。というのも、特にお子さんがいらっしゃるのでしたら、離婚後も別れたパートナーと何らかの関わりをもつ可能性が高いですね。その場合、こじれたままですと、後にまた問題が浮上する可能性があります。ですから、たとえ裁判になったとしても、なるべく和解を目指すことが多いんですよ

そうか、離婚しても夫が子供たちの父親であることは変わらないですものね

そうです。ですから、**お互いが納得して別れることが、長い人生においては大切**です。話がまとまれば、そこで決着がつきます。でも、弁護士に依頼する場合ですと、話し合いがまとまるまでに数か月、話し合いがまとまらなくて、その後、調停や裁判になる場合は、半年から1年、もしくはそれ以上の期間が必要になってくるケースもありますからね。お互いに話し合いで納得できればそれが一番ですよ

そんなにかかるんですか！　上の子が来年小学校に入学するので、できれば、それまでに決着をつけたいのですが……

それならなおのこと、協議離婚がお勧めです。調停や裁判の手続きに移行してしまうとお互いに引き下がれないという気持ちになるため、長期化する傾向があるんですよ。ですから、**しっかり話し合える環境を準備して、そこで話し合いをすることが、スムーズに離婚するコツ**です

離婚はどうやって進めればいい？

そうなんですね。では、協議離婚はどのように進めればいいのでしょうか？

そうですね、まずは話し合いをする前に離婚の準備をしましょう。**離婚の際にどのようなことを決めなければならないかを知り、自分はどうしたいかを決めておくこと、離婚後の生活に目途を付けることが必要**です

決めなければならないことってどんなことですか？

例えば慰謝料や財産分与、お子さんがいる場合は、お子さんの親権をどちらに帰属

させるかや養育費、面会交流権の問題等ですね

親権、財産分与、慰謝料に養育費……決めておくべきことがたくさんあるんですね

そうなんです。そしてその準備ができたら、まずは離婚に同意してもらうための話し合いをし、それで、離婚をすることが決まったら、先ほどの条件面の話をします

なるほど

ただ、相手も離婚に前向きであればいいのですが、もちろんそうではないこともあります。そういう場合は、まずは離婚したい理由を相手に説明して納得してもらうことが第一です。そして相手が離婚に傾いてきたら慰謝料や財産分与等を交渉のカードとして使います

交渉のカードですか？

はい。協議離婚は、お互いが納得すれば離婚できるわけです。ですから、相手に離婚してもいいと思ってもらうことが大切です。相手が離婚したくないという場合には、こちらが条件面を譲歩することで離婚を受け入れてもらいやすくなります

なるほど。ちなみに、何も決めないで離婚してしまうと何か問題があるんですか？

後々苦労することが多いですね。私が担当した案件では、離婚前に話し合いをしなかったために、離婚後に財産分与で1、2年間揉め続けたこともありました。離婚後は、話し合いをするために会うことがお互い億劫《おっくう》になりますし、特にお金を支払う側は話し合うモチベーションも下がるので先延ばしにされがちです

せっかく離婚できたのに、何年も揉め続けるのは嫌ですね……

そうですよね。また、養育費もあとから請求することもできますが、基本的に請求した時点までしか遡《さかのぼ》れないため、離婚時の話し合いで決めておいた方がいいでしょう。事前に各々の条件を明確にし、どう交渉ができるかを考えておきましょう

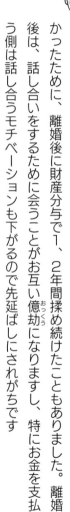

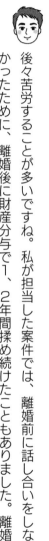

第2章
協議離婚の準備
お金編

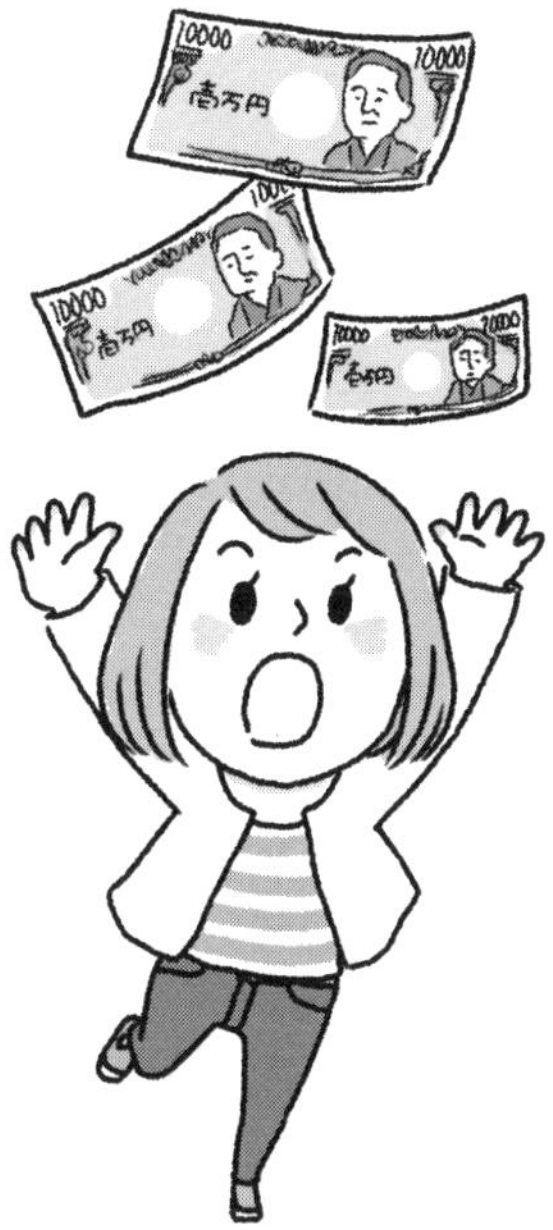

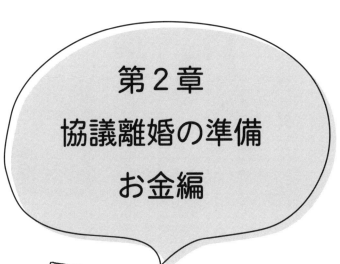

慰謝料は貰えるの？

慰謝料とは何か？

離婚で一番揉めやすいのはお金の話です。事前にしっかり準備しておきましょう

離婚の際は慰謝料《いしゃりょう》が貰えると聞きました。でも、慰謝料ってなんですか？

慰謝料は損害賠償《そんがいばいしょう》として請求できるお金です。損害賠償は不法行為等により損害を与えてしまったときに、その損害を金銭で埋め合わせることです。慰謝料は、このような損害賠償の1つで、精神的な損害を与えてしまったときに、その損害を金銭に評価して埋め合わせるためのものです

……すみません、もうちょっと簡単にお願いします……

簡単に言うと、離婚によって辛い気持ちにさせてしまったことに対して、「ここはお金をあげるからそれで許してください」と慰める、みたいな感じです

なるほど、そのお金で好きなものを買ったりすれば、気が晴れそうですものね

慰謝料はどんな時に貰える？

あと、慰謝料において気を付けなければならないのは、**損害賠償なので、離婚原因を相手が作った場合でなければ貰えない**ということです。離婚においては、法定の離婚原因を作った方＝有責配偶者が相手方に支払うことになります

法定の離婚原因ということは、先ほどの、５つの原因ですか？　えーっと……

①配偶者の不貞行為、②悪意の遺棄、③配偶者の生死が３年以上明らかでない、④配偶者が強度の精神病にかかり回復の見込みがない、⑤その他婚姻を継続し難い重

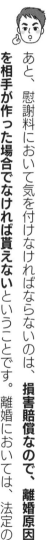

大な事由がある、の5つの中でどれかを相手が行った場合、ですね

うちの場合はどれにも当てはまらない……ということは、**慰謝料は貰えない??**

残念ながら、そうなんです。相手が**有責で、それが立証できなければ慰謝料の請求はできない**、というのが原則です

えー、家庭を顧《かえり》みず、飲み歩いてばかりいる夫への憎しみで、心がズタズタなのに……。私は何年も自由に遊びに行っていないにもかかわらずですよ!

そうですよね。ただ、家事育児に不参加というだけですと、法的にはどちらが悪いといえないので、原則的には慰謝料請求は難しいのが現状なんですよ

そうなんですね。残念……

慰謝料はいくら?

ちなみに、うちは慰謝料が貰えなさそうだということは分かったのですが、精神的な損害がいくらかなんて、どうやって決めるんですか？

これも実際、なかなか難しいんですよ。離婚の原因や婚姻期間、相手の資力《しりょく》、つまり稼ぎや資産によっても大きく金額が変わりますが、**協議離婚の場合は慰謝料はお互いが納得できればいくらでもいい**ので……

えー、いくらでもいいって10万円でも５００万円でもいいってことですか？

問題ありません。私の担当したケースでも数十万～数百万円まで幅があります。まあ、話をまとめようとすると**「裁判の相場」になることが多い**ですけれどね

裁判の相場っていくらくらいなんでしょうか？

DVや不貞が原因ですと、**おおむね１００～３００万円くらい**が多いと思います。私の感覚では１００万円以上になることが多いです

１００万円……うらやましい……

ただ、本当にケースバイケースで、裁判例でも次のようにバラバラなんです

▼裁判例① 平成5年12月14日秋田地裁大曲支部の判決

婚姻期間が1年10か月、同居期間が8か月で、夫の犯罪行為を原因とする離婚裁判では、３００万円の請求に対して20万円の支払いが命じられた

▼裁判例② 平成22年6月14日京都地裁の判決

婚姻期間が3か月、夫の性交拒否を原因とする離婚裁判では、１０００万円の請求に対して５００万円の支払いが命じられた（※これは妻が事業を畳んで嫁いできた等、失ったものが多いことが考慮された金額）

あれ、裁判の方が、協議で離婚したときよりも慰謝料は安くなるんですか？

そうですね、**判決前に和解したり、協議や調停で離婚に至った場合の方が、慰謝料は高くなることが多い**です。裁判の場合はこれまでの判例があり、そこから金額が判断されます。ですから常識的な額に落ち着くわけです

なるほど、だから裁判なら、高すぎたり安すぎたりすることにはならないんですね

あと、金額が高い場合は、これ以上裁判手続きをせずに早期解決するという意味での解決金が含まれていることが多いですね

解決金……手切れ金みたいなものですか？

そうです。解決金は便利な言葉で、離婚後の生活費や財産分与、慰謝料等をひっくるめて、早期解決するためにお金を払うという場合にも使われます

金額が同じなら、名目にこだわる必要はそこまでないですものね

そうですね。慰謝料に話が戻りますが、慰謝料請求は不貞行為が離婚原因なら配偶者の不倫相手に対しても行うことができます。これもまずは話し合いをし、相手が応じないようなら裁判を起こすことになります

不倫相手からはいくら貰えるんですか?

婚姻期間等によって様々なのですが、配偶者に対する慰謝料よりも少なくなることが多いです。一般的には判決になった場合は100～150万円くらいですね。また、不倫相手に請求する場合は、相手が配偶者を既婚者と知った上で不貞行為に及んでいないといけません

既婚者と知らなかったのなら、不倫相手も騙《だま》されていたことになりますものね

そうですね。慰謝料は、ケースバイケースなので、もしご自身の状況に応じた金額が知りたいということでしたら弁護士に相談されることがお勧めです。実際は交渉

してみないと分からないので、あくまで参考としての額しか出せませんが、過去の裁判例から、いくらくらいは貰えるでしょうというアドバイスが得られますよ

そういう相談の仕方もあるんですね。確かに、慰謝料の金額設定って難しいですよね。全く知識がないままより法的な知識を教えてもらえた方が心強いですね

そうなんです。あと、もし、自分で決めるというのでしたら、あまり相場にはこだわらず、**相手がいくら払えるか、という点から計算するといい**でしょう

「相手がいくら払えるか」って、どういう風に検討をつければいいのでしょうか？

預貯金から財産分与を引くと残るのはいくらか、そこからどれくらいなら貰っても大丈夫かというのを計算してみましょう。無理があり過ぎる金額は拒絶される可能性が高いですが、微妙なラインなら応じてくれる可能性があります

例えば、結婚後に2人で貯めた200万円が全ての財産ならどうなりますか？

あくまで経験上の数字ですが、その場合、財産分与が１００万円ずつ、すると相手の手持ちは１００万円です。そうなると、そこから１００万円貰えたら良い方ですね。相手がよほど明確に離婚原因を作っていればこの限りではありませんが

なるほど、手持ちの現金内から生活に支障のない範囲でという感じなんですね

分割払いは最後まで払われるか怪しいですからね。できれば、**一括払いが良い**と思います。あと、慰謝料の請求には時効があるので気を付けてください。基本的には、**損害及び加害者を知った日から3年以内、かつ不法行為があった日から20年以内**に請求しなければなりません。ただし、２０２０年の４月以降は改正民法が施行され、ＤＶ等の生命・身体を侵害する不法行為の場合は5年以内、かつ不法行為があった日から20年以内に請求すればいいことになります

【やってみよう！】 慰謝料の有無や金額について、考えてみましょう

財産分与はどうなるの？

財産分与とは

慰謝料については概ねお分かりいただけたと思いますので、先ほどすこし触れた財産分与について考えていきましょう

はい！　それで……そもそも財産分与って何ですか？

財産分与は、**結婚した後に夫婦が協力して築いた財産を分けること**です

協力して築いた財産、というと貯金等ですか……？

貯金も財産分与の対象にはなりますが、すべての貯金が対象になるかというと、そ

ういうわけでもないんですよ。何が財産分与の対象かを考える際には、**「特有財産《とくゆうざいさん》」**と**「共有財産《きょうゆうざいさん》」**に分けて考えることが大切です

特有と共有なら、共有の方が分けられそうな響きですね

当たりです！　財産分与とは共有財産を分けることです。共有財産は特有財産以外の財産、と考えると分かりやすいかもしれません

分けられない特有財産というのは、どういうものですか？

特有財産とは、相続や贈与で取得した財産等、夫婦が協力した結果ではなく、一方が独自に得た財産のことです。結婚前の貯金等もこちらに含まれます

なるほど。個人的に貰った財産と結婚前の貯金は特有財産、それ以外は共有財産になるんですね！

その通り。結婚してから得た給料や、そこから買ったりしたものは基本的に共有財産に含まれます。ですので、現金だけではなく、住宅や車、家財道具、保険、有価証券も分割の対象になります。**名義がどちらであるかも特に関係ありません**

「基本的」というと、共有財産にならないものもあるんですか?

例えば、夫が自分の給与で買って妻にプレゼントした指輪やネックレスなどは、夫から妻に対する贈与と考えることができますので、これは妻の特有財産ということができます

分かりました。あとは例えば、結婚後に買った宝くじや、婚姻前から運用していた株等は、どちらになるんですか?

そうですね。それらも給料を原資《げんし》にしているなら共有財産、結婚前に買った株が増えたとかでしたら特有財産を運用して増えたのですから、特有財産です。ただ、結婚後に追加で投資している場合にはどこまでが特有財産かは争いになると思います

ではそこは話し合いですね。後は、そういえば、子供名義の貯金はどうなるんですか？

こちらは原資が給料なら共有財産になりますが、子供がお祝い等で貰ったものだとしたら子供の固有の財産になります。おもちゃや教科書等、子供の持ち物も子供の固有の財産なので、財産分与の対象にはなりません

年金や退職金も分けられる

あと、将来貰う年金や退職金も財産分与の対象になります

退職まではだいぶ時間がありますけど、それ

共有財産

結婚後に得た給料や収入、そこから購入したもの

▶現金・預貯金	▶自動車	▶不動産（土地・建物等）
▶退職金	▶保険	▶有価証券（小切手・株等）
▶年金	▶家財道具	▶美術品・会員権等

特有財産

相続したもの、結婚前に取得した財産

▶独身時代の現金・預貯金	▶別居後に取得した財産
▶独身時代に取得した財産とそこからの収入	▶相続で得た財産とそこからの収入

でも対象になるんですか？

最近は、**30、40代でも、将来貰う退職金を財産分与の対象にすることが多い**んです

でも、どうやって金額を出すんですか？

色々な考え方があるのですが、1つの考え方としては、離婚時点で退職した場合に、いくらの退職金になるかを計算してもらい、それを貰ったという前提で財産分与をするという方法があります

▼財産分与における退職金計算方法の一例

離婚時点の退職金額－婚姻時点の退職金額＝財産分与の対象となる退職金額

その時点と婚姻時点での退職金額ってどうすれば分かるんですか？

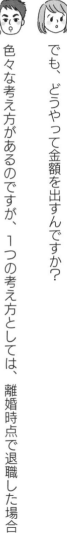

退職金規程があるようでしたら、就業規則等に書かれていることもあるので、それを見て計算できます。ただ、中小企業は退職金がない可能性も十分あります

あ、夫の会社の就業規則には退職金規程がありました！　ざっくり計算すると今なら150万くらいかな……？　でも婚姻時の退職金は計算できませんでした

婚姻時の退職金が分からなければ、離婚時の退職金額を勤続年数で割って、婚姻期間をかけてもいいかもしれませんね

すると、150万（離婚時の退職金額）÷10年（勤続年数）×5年（婚姻期間）で、約75万円です！

あとは、小池さんの退職金を計算し、それとご主人の退職金との差額が最終的に分与の対象となります。もし小池さんは退職金がないなら、ご主人の退職金がまるまる分与の対象です

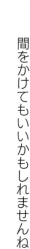

私の勤め先は中退共に加入しているのでHP[1]で試算できました。婚姻中の退職金は60万円です

そうすると、財産分与の対象は差額の15万円ということになりますね

なるほど。もし退職金規程を相手が出してくれないときは、ザックリ一般的な金額をインターネット等で検索して、それを元に交渉してもいいのでしょうか

その方法でも大丈夫ですよ

年金分割とは

退職金は金額が分かりましたが、年金はどうなるのですか?

年金は**「年金分割制度」**というものがあります。これは、将来年金を受給する際に、年金が多い方の「厚生年金保険及び共済年金の部分」を1／2を限度として少

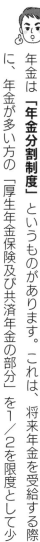

ない方が分割してもらうことができる制度です

退職金みたいに、年金分のお金を先に分けるんですか？

そういうわけではなく、**年金分割は、現在の年金の支払い実績を分けあうことで、将来的に相手の年金の一部を自分の年金として貰えることになる制度**です

専業主婦の人は年金がないから、夫の年金を分けてもらえるということですか？

年金分割は必ずしも専業主婦のための制度というわけではないので、共働きの方でも活用することができますよ。ただ、年金分割には2種類あり、専業主婦、というか第3号被保険者向けの**3号分割**と、3号分割の対象期間以外について行われる**合意分割**というものがあります

離婚時の年金分割のイメージ（夫から妻に分割する場合）

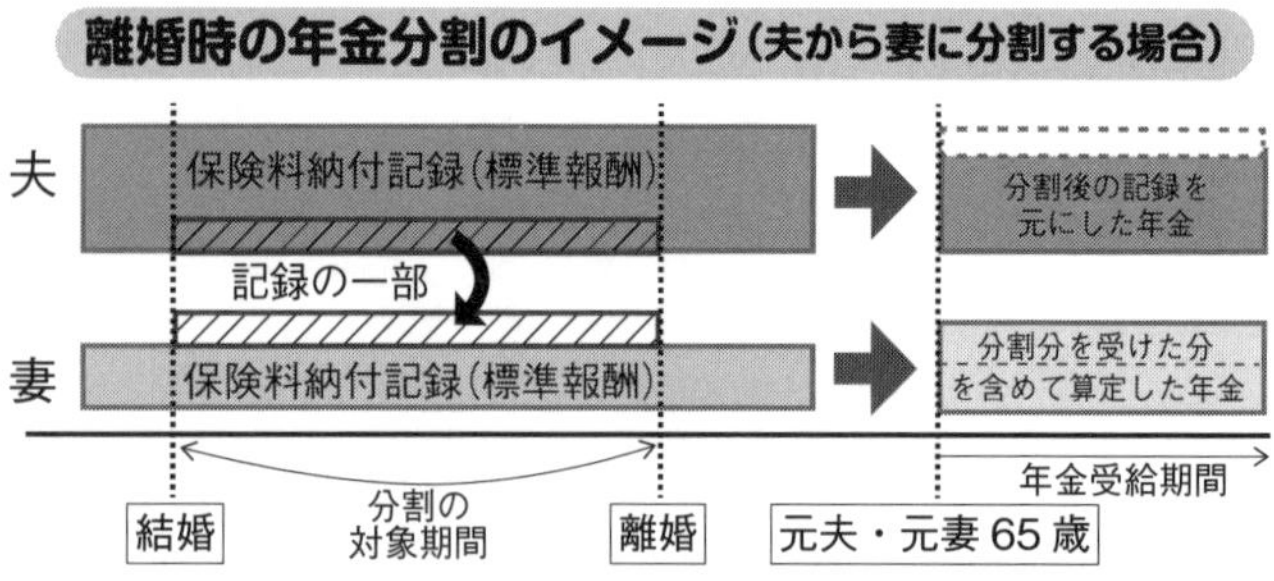

▼3号分割

平成20年4月1日以降の、婚姻期間中かつ第3号被保険者期間中の厚生年金納付記録の**1／2を分割**する。相手の同意がなくてもでき、手続きも簡単

▼合意分割

婚姻期間中の双方の厚生年金記録を合算したものを、**1／2を上限に夫婦間で割合を決めて分割**する。婚姻期間中の、3号分割の対象期間以外のすべての期間を対象とできる。合意分割の請求を行った場合、3号分割の対象期間があればその分は自動で請求が行われる

なんだか複雑そうですね……3号分割は平成20年4月1日以降の納付記録についてなんですね。何で期間が区切られているんですか？

それは、この制度が平成19年にできた、比較的新しい制度だからです。次の3パターンのうちのどれに自分が当てはまるかで考えると分かりやすいと思います

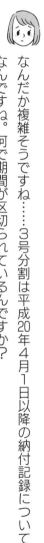

①平成20年4月1日以降に結婚してずっと第3号被保険者

↓3号分割のみ対象

②ずっと第3号被保険者だが平成20年4月1日より前に結婚している、または平成20年4月1日以降に結婚したが第3号被保険者と共働きの期間がある

↓3号分割と合意分割の両方が対象

③第3号被保険者だった期間が平成20年4月1日より前、もしくは結婚後ずっと共働きをしている

↓合意分割のみ対象

①なら3号分割の手続きのみ行えばいいですし、合意分割をすると3号分割の手続きは勝手に処理されますので②か③ならば合意分割の手続きだけを行えばいいです

年金分割の手続き

年金分割を行うのでしたら、次のような流れになります。離婚前にできるのは「情報通知書の請求手続き」と夫婦間の話し合いのみで、「年金分割の請求手続き」自体は離婚後に行うことになります。詳しく見ていきましょう

年金分割の流れ

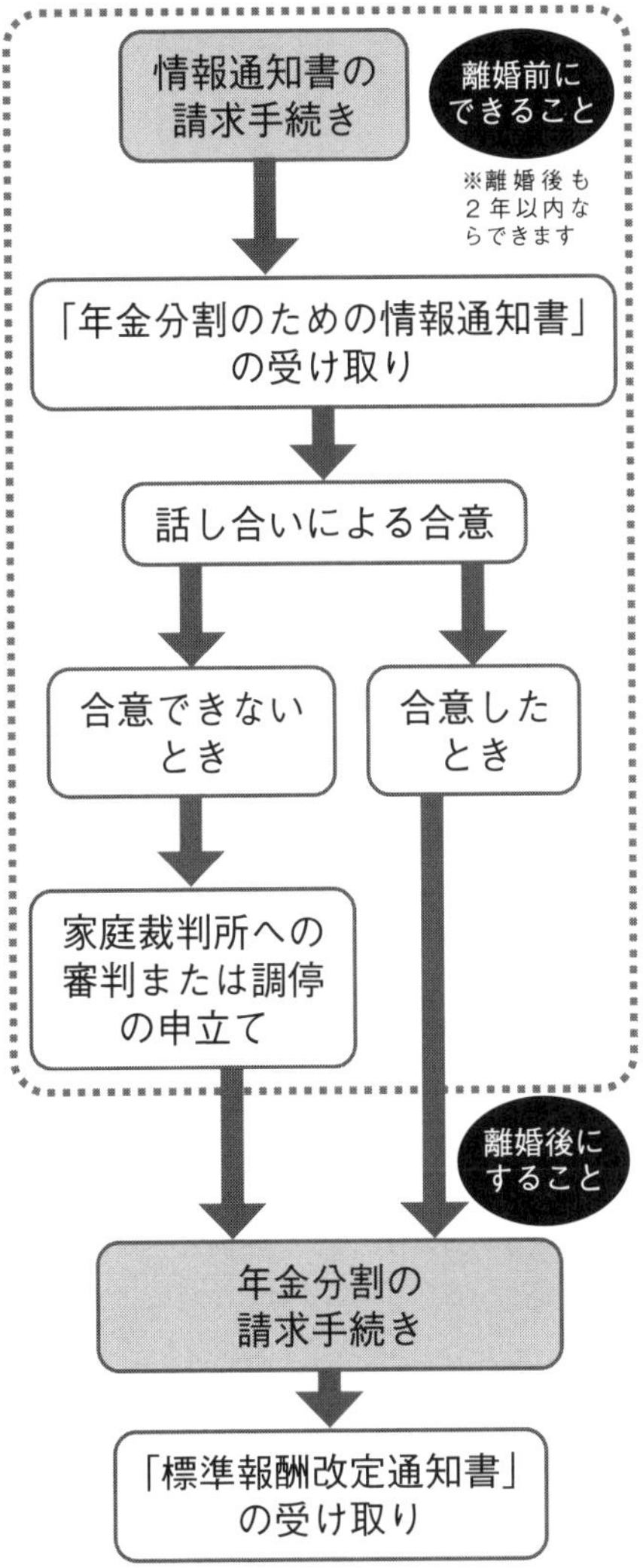

日本年金機構「離婚時の年金分割について」内の「年金分割までの流れ」を元に作成

まずは、日本年金機構のホームページから「年金分割のための情報提供請求書」をダウンロードして記入し、次の3点を添えて、請求者の住所地を管轄《かんかつ》する年金事務所に提出します。これは自分1人でも、相手と2人でもできます

①請求者の年金手帳または基礎年金番号通知書
②婚姻期間等を明らかにできる書類（戸籍謄本、それぞれの戸籍抄本、戸籍の全部事項証明書またはそれぞれの戸籍の個人事項証明書のいずれかの書類）
③事実婚関係にある期間の情報通知書を請求する場合は、その事実を明らかにできる書類（住民票等）

書くところも、必要な書類も多いですね……

そうなんですよ。その後、提出後3〜4週間で年金情報通知書が届きます。合意分割の場合は、これを見ながら分割の割合についてご夫婦で話し合い、合意に至れば、離婚後に年金分割請求手続きを行うことになります

年金分割のための情報提供請求書のダウンロード方法

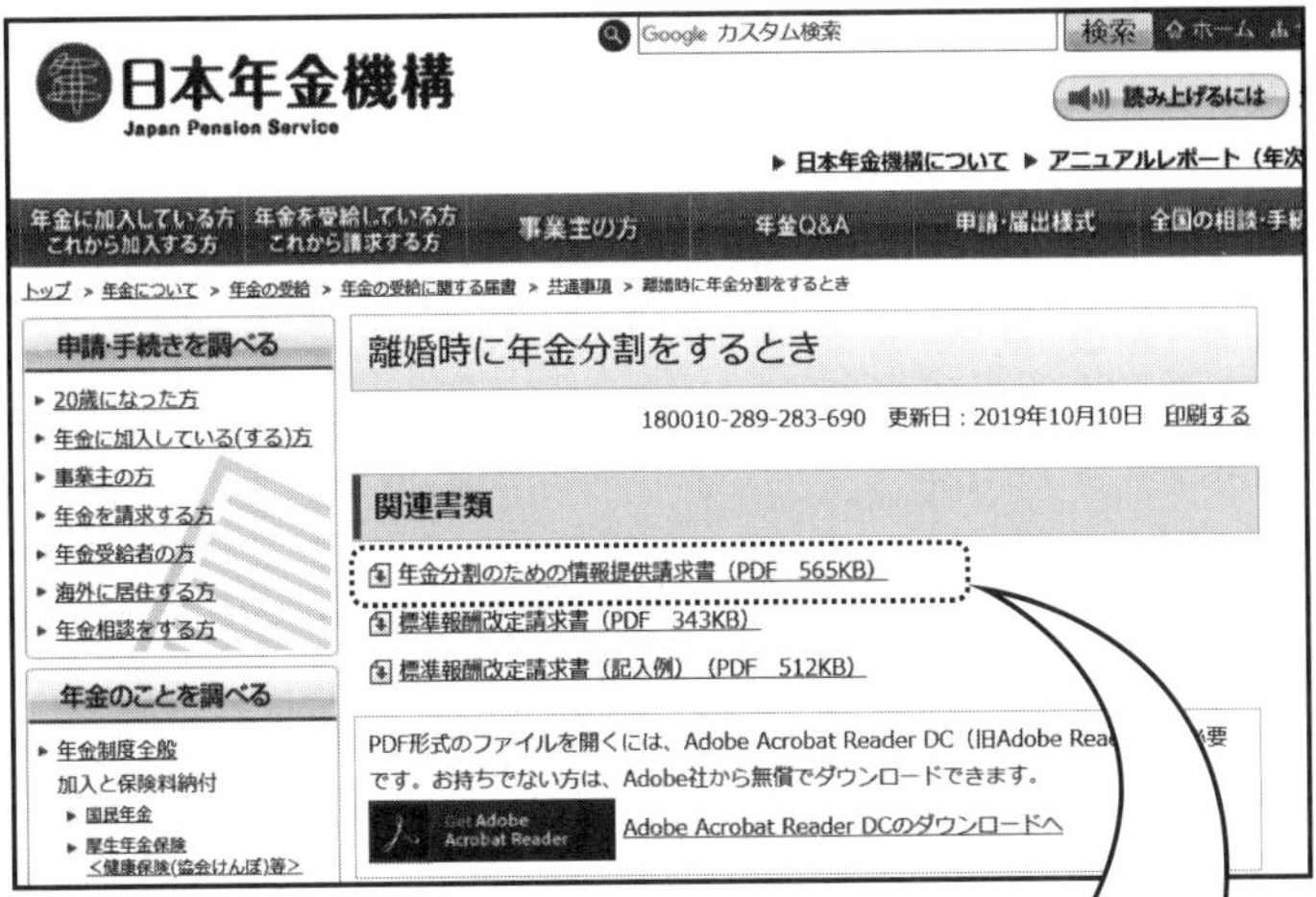

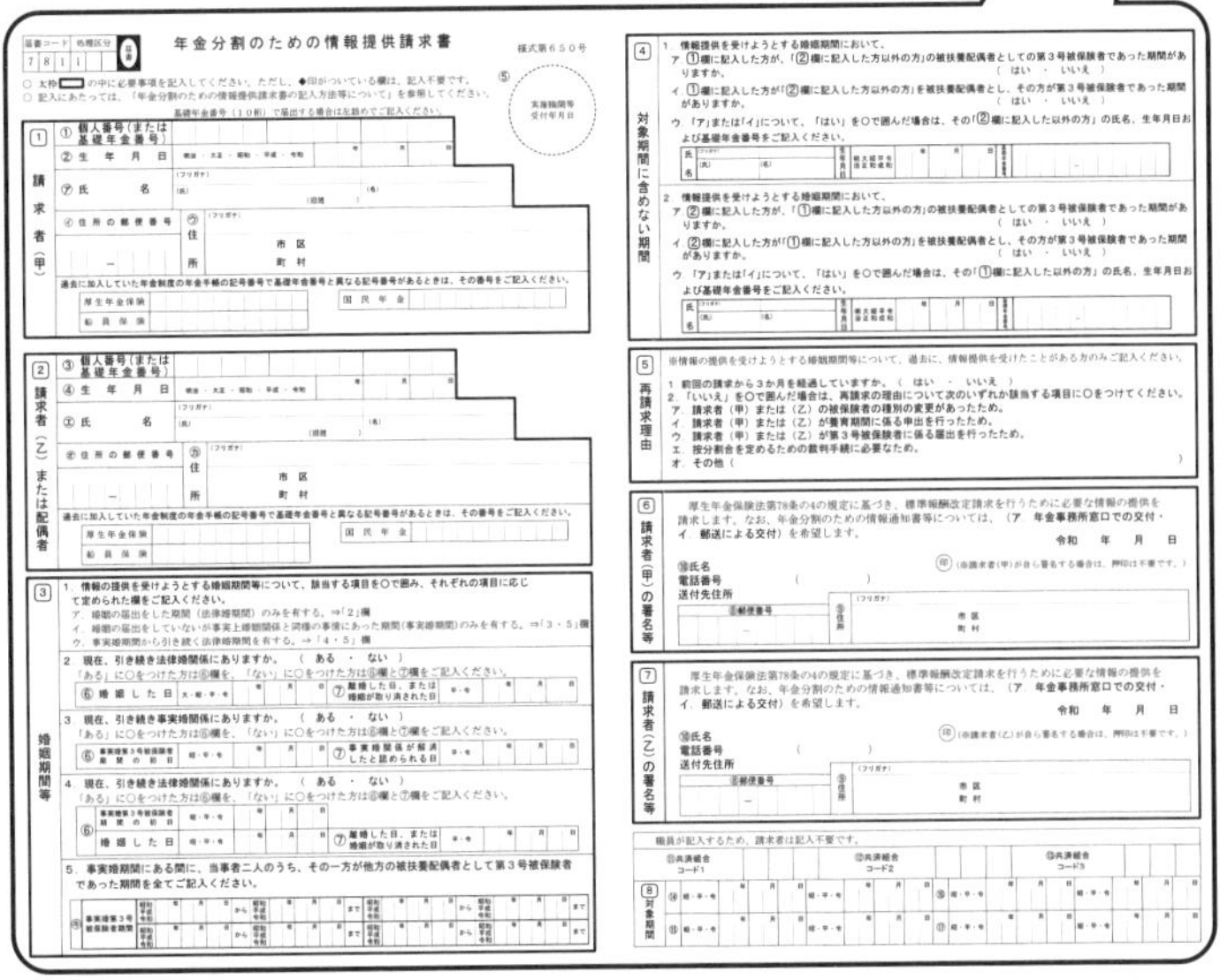

「年金分割のための情報提供請求書」は日本年金機構の「離婚時に年金分割をするとき」というページ（https://www.nenkin.go.jp/service/jukyu/todoke/kyotsu/20181011-05.html）からダウンロードできます（年金分割のための情報提供請求書は２枚目までを掲載）

年金分割のための情報通知書の見方

年金分割のための情報通知書
（厚生年金保険制度）

令和　年　月　日

小池　絢子 様

対象期間標準報酬総額の多い方が第１号改定者、少ない方が第２号改定者となる

氏　　名	（第１号改定者） 小池　一郎 （第２号改定者） 小池　絢子	
生年月日	（第１号改定者） 1984 年　月　日	（第２号改定者） 1986 年　月　日
基礎年金番号	（第１号改定者） 1234567890	（第２号改定者） 1234567891
情報提供請求日	年　月　日	
婚姻期間等	年　月　日	年　月　日
	（※1．情報提供請求日　2．離婚が成立した日　3．婚姻の取り消された日　4．事実婚関係が解消したと認められ…	
対象期間標準報酬総額	（第１号改定者） 24,000,000 円	（第２号改定者） 16,000,000 円
按分割合の範囲	40 ％を超え、50％以下	

対象期間	昭和 平成 令和 　年　月　日 － 昭和 平成 令和 　年　月　日		昭和 平成 令和 　年　月　日 － 昭和 平成 令和 　年　月　日	
	昭和 平成 令和 　年　月　日 － 昭和 平成 令和 　年　月　日		昭和 平成 令和 　年　月　日 － 昭和 平成 令和 　年　月　日	
	昭和 平成 令和 　年　月　日 － 昭和 平成 令和 　年　月　日		昭和 平成 令和 　年　月　日 － 昭和 平成 令和 　年　月　日	
	昭和 平成 令和 　年			
対象期間の末日以降に提供を受けた情報について補正を要した期間	平成 令和 　年			
厚生年金保険法施行規則第 78 条の3第3項第２号に規定する期間	平成 令和 　年			

対象期間標準報酬総額の合計を分割する際に、第２号改定者に割り当てることのできる範囲

例の場合、夫（一郎）の標準報酬総額 2400万円と妻（絢子）の標準報酬総額 1600万円を足した4000万円を分割することになるため、妻は夫に対して、40 ～ 50％、つまり 1600万円（現状維持）以上 2000万円以下を「自分の標準報酬総額としたい」と交渉することができる

年金分割の対象となる期間

なるほど。それで、年金分割手続きは何をすればいいんですか？

まず、3号分割の対象でしたら、相手の合意がなくても年金分割の請求手続きにすすめます。先ほどの「年金分割のための情報提供請求書」をダウンロードしたページで「標準報酬改定請求書」とその記入例がダウンロードできますので、これを記入し、次の5点を年金事務所に提出すればそれでおしまいです

①請求書にマイナンバーを記入したとき…マイナンバーカード等
請求書に基礎年金番号を記入したとき…年金手帳または基礎年金番号通知書
②婚姻期間等を明らかにできる書類（戸籍謄本、それぞれの戸籍抄本、戸籍の全部事項証明書、それぞれの戸籍の個人事項証明書のいずれか）
③請求日前1か月以内に作成された、相手方の生存を証明できる書類（戸籍の抄本、戸籍の個人事項証明書、住民票のいずれか）※請求書にマイナンバーを記入することで省略できる
④事実上離婚状態にあることを理由に3号分割を請求する場合は、その状態にあることを明らかにできる書類
⑤事実婚関係にある期間の3号分割を請求する場合は、その事実を明らかにできる書類（住民票等）

合意分割の場合はどうすればいいんですか？

合意分割の場合も前述の「標準報酬改定請求書」を記入し、2人で次の6点を管轄の年金事務所に持って行き提出します

①請求書にマイナンバーを記入したとき…マイナンバーカード等
　請求書に基礎年金番号を記入したとき…年金手帳または基礎年金番号通知書
②婚姻期間等を明らかにできる書類（戸籍謄本、それぞれの戸籍抄本、戸籍の全部事項証明書、それぞれの戸籍の個人事項証明書のいずれかの書類）
③請求日前1か月以内に作成された、2人の生存を証明できる書類（戸籍謄本、それぞれの戸籍抄本、戸籍の全部事項証明書、それぞれの戸籍の個人事項証明書、住民票のいずれかの書類）※請求書にマイナンバーを記入すれば省略できる
④事実婚関係にある期間の合意分割を請求する場合はその事実を明らかにできる書類（住民票等）
⑤年金分割の割合を明らかにできる書類（以下の書類のいずれか1つ）
ア）話し合いにより、年金分割の割合を定めたとき
・年金分割すること及び按分《あんぶん》割合について合意している旨を記入し、自らが署名

した書類
・公正証書《こうせいしょうしょ》の謄本もしくは抄録謄本《しょうろくとうほん》
・公証人の認証を受けた私署証書
イ）裁判所による手続きにより、年金分割の割合を定めたとき
・調停（和解）の場合…調停（和解）調書の謄本または抄本
・審判（判決）の場合…審判（判決）書の謄本または抄本及び確定証明書
⑥年金分割の請求をされる方（代理人を含む）の本人確認ができる書類（運転免許証、パスポート、顔写真付きの住民基本台帳カード、印鑑及びその印鑑にかかる印鑑登録証明書のいずれかの書類）
※代理人の場合は、代理人にかかる上記の書類の他に、委任状（年金分割の合意書請求用）の「ご本人（委任をする方）」欄に捺印した印鑑にかかる印鑑登録証明書が必要

ちなみに、**公正証書に記載するか、裁判所の手続き、つまり調停や審判で年金分割の割合が定められた場合には、どちらか一方が行くだけで手続きができます**

公正証書ってなんですか？

「公正証書」は公証人に作ってもらう証書のことです。詳しくは後でお話ししますね（133・203ページ参照）。書類の提出が済めば、後は、年金事務所から「標準報酬改定通知書」が送られてきますので、これを受け取って完了です

ちなみに、もし分割の合意ができなかったらどうなるんですか？

合意に至らない場合は、家庭裁判所に調停または審判を申立てることになります。年金分割は基本的に1／2は認められるので、ここは諦めないでください

ううっ、そうは言っても大変そう……

先ほども申し上げた通り、調停や審判になればほぼ分割になるので、相手が渋るようならその点を説明するのも良いと思いますよ

分かりました。頑張ります……。そういえば、話し合いの際は、割合は、どのよう

に考えればいいんでしょうか？

年金分割の上限は50％ですし、調停や審判でも割合は50％ずつ以外になることはほぼないので、基本的には1／2で交渉していいと思います

なるほど、これもあくまでも半分こ、平等なんですね

ただ、年金分割はあくまでも結婚していた期間に該当する年金を分けるだけです。また、「国民年金」に相当する部分と「厚生年金基金・国民年金基金」に当たる部分は対象にはなりません

ん？　ということは、半分こと言っても実際は半分ではないんですか？

年金分割の対象となる年金

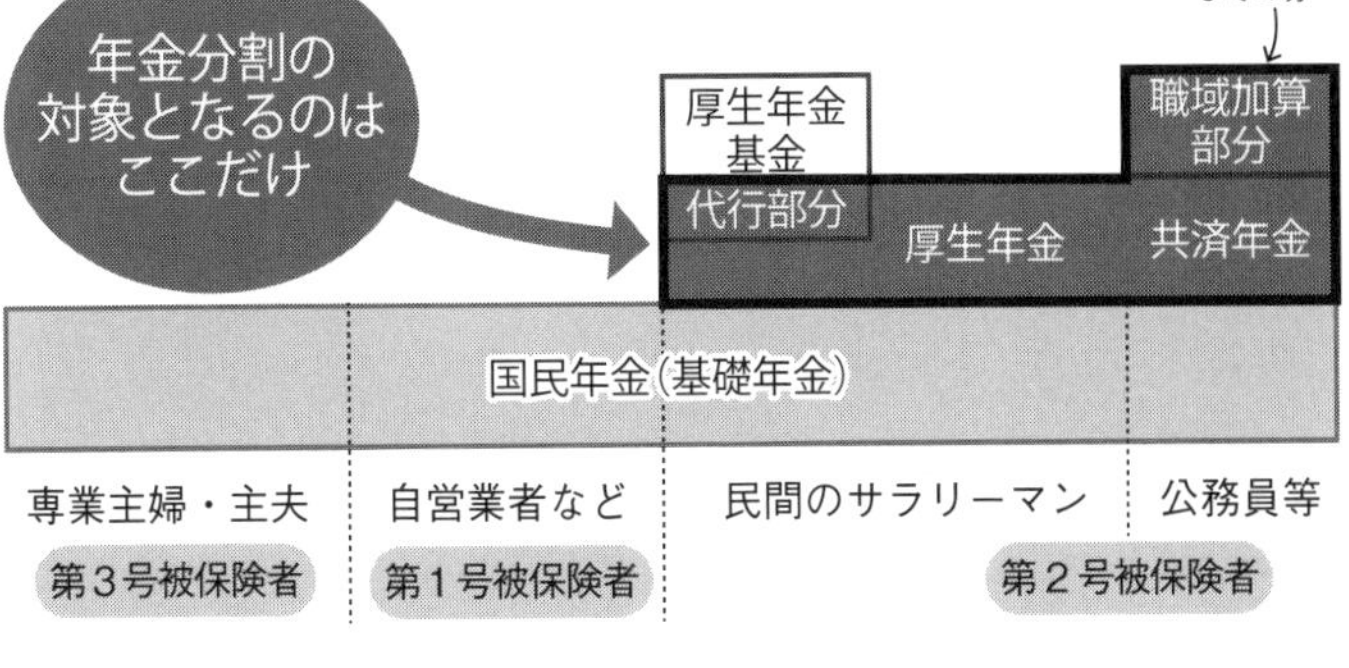

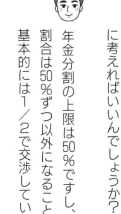

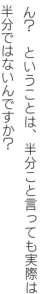

そうですね。数十年の婚姻期間がある場合でも、貰える年金は平均して月々3～5万円くらい増える程度のようです。婚姻期間が短ければさらに少なくなるでしょう

3～5万円……でも、あるとないとは大違いだし……。財産分与の話し合いの際には、しっかり半分の分割を求めたいと思います

請求期限は離婚から2年なので、離婚後でもできますが、相手が死亡してしまうと死亡日から1か月以内に手続きが必要となるので、なるべく早めに行いましょう

共有財産リストを作ろう

さて、何が共有財産となるかが分かったら、リストアップしておきましょう。**どのような財産があるかを正確に把握しておくことが重要**です。離婚の話をすると財産を隠されてしまう可能性があるので、話し合う前に相手方にどんな財産があるのかを調べておくことも大切です。まずは次のリストを埋めてみてください

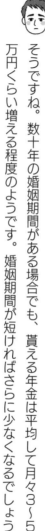

共有財産リスト

種類	妻	夫
預貯金		
保険		
株式		
その他の有価証券		
自動車		
不動産（土地建物）		
退職金		
高価な家具・家電		
金銭的価値の高いもの（貴金属、骨董品等）		
負債（住宅ローン、教育ローン、自動車ローン等）		
年金		
合計		

おお、たくさんありますね。何から手を付ければいいですか?

まずは現金、特に通帳ですね、銀行口座をどこに持っているかは把握しておきましょう。残高や口座情報についてリストを作っておけば、あとが楽になりますよ

銀行口座は私がほとんど管理していたので、簡単に埋められそうです

それはいいですね。現金以外の財産は、売れるものは売り、その金額を分けることになります。**売らない場合や売れない場合は、財産的価値に置き換えて評価します**

財産的価値に置き換える……また難しい言葉が……

そんなに難しく考える必要はありません。例えば、積立型の生命保険なら、保険会社に言えば、その時点における解約返戻金を計算してくれます。ですので、保険会社に、「解約返戻金計算書を出してくれ」と頼むといいでしょう

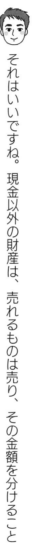

分かりました。うちは確か、生命保険と学資に入っていたはず。連絡してみます

あとは証券取引をされているのでしたら、証券口座の情報も控えておいた方がいいです。株等も、その時売ったらいくらになるかを元に計算すればいいですよ

株もちょっとあります。これは保有証券の評価額を見ればいいのでしょうか？

それで大丈夫です。あと、車や自宅等もリストに入れることになります

車や自宅の金額はどうやって出すんですか？

車は中古車販売サイトで検索してみると査定してくれるサイトがあるはずです。併せてディーラーにも見積もりを取るのもいいでしょう。車種、グレードと年式、走行距離、次の車検の時期が分かるといいですね。車検証の写しを写真でもコピーでも良いので取っておくと確実です

「中古車　買取　査定」で検索するとたくさん出てきますね。あ、うちの車は80万くらいみたいです。買ったときよりだいぶ安くなってしまうんだなぁ

見積もりは、一括査定等で多くの場所に査定を申し込むサービスもあるのですが、電話やメールでの勧誘が多く来てしまうので、何社くらい査定を依頼するかを十分考えてからにしましょう。参考程度の金額が1、2個分かればいいという気持ちでいた方が良いでしょうね

しつこい勧誘は面倒ですものね。自宅も見積もりを取るんですか？

自宅は評価方法がたくさんあるので難しいのですが、一番いいのは不動産屋に無料で査定してもらうことです。簡易査定を出してくれるので、近所の不動産屋に行って、「売却を検討しているので無料査定をしてほしい」と言うといいでしょう。その時に、不動産の登記簿謄本があると話が早いです。2か所は行けるといいですね

なるほど。でも近所に売りたがっていると知られてしまうのは恥ずかしいかも……

それならインターネットで不動産屋を探すのは1つの手ですし、もし、相談するところがなければ「固《こ》定《てい》資《し》産《さん》税《ぜい》評《ひょう》価《か》額《がく》」も参考になると思います

固定資産税評価額？

固定資産税評価額というのは固定資産を決めるために市区町村が出している価格のことです。毎年４月頃に送られてくる固定資産税の課税明細書に記載があるはずです。自宅のある各市区町村の役所や都税事務所で取得できる固定資産評価証明書にも記載があるのですが名義人本人でないと取れません

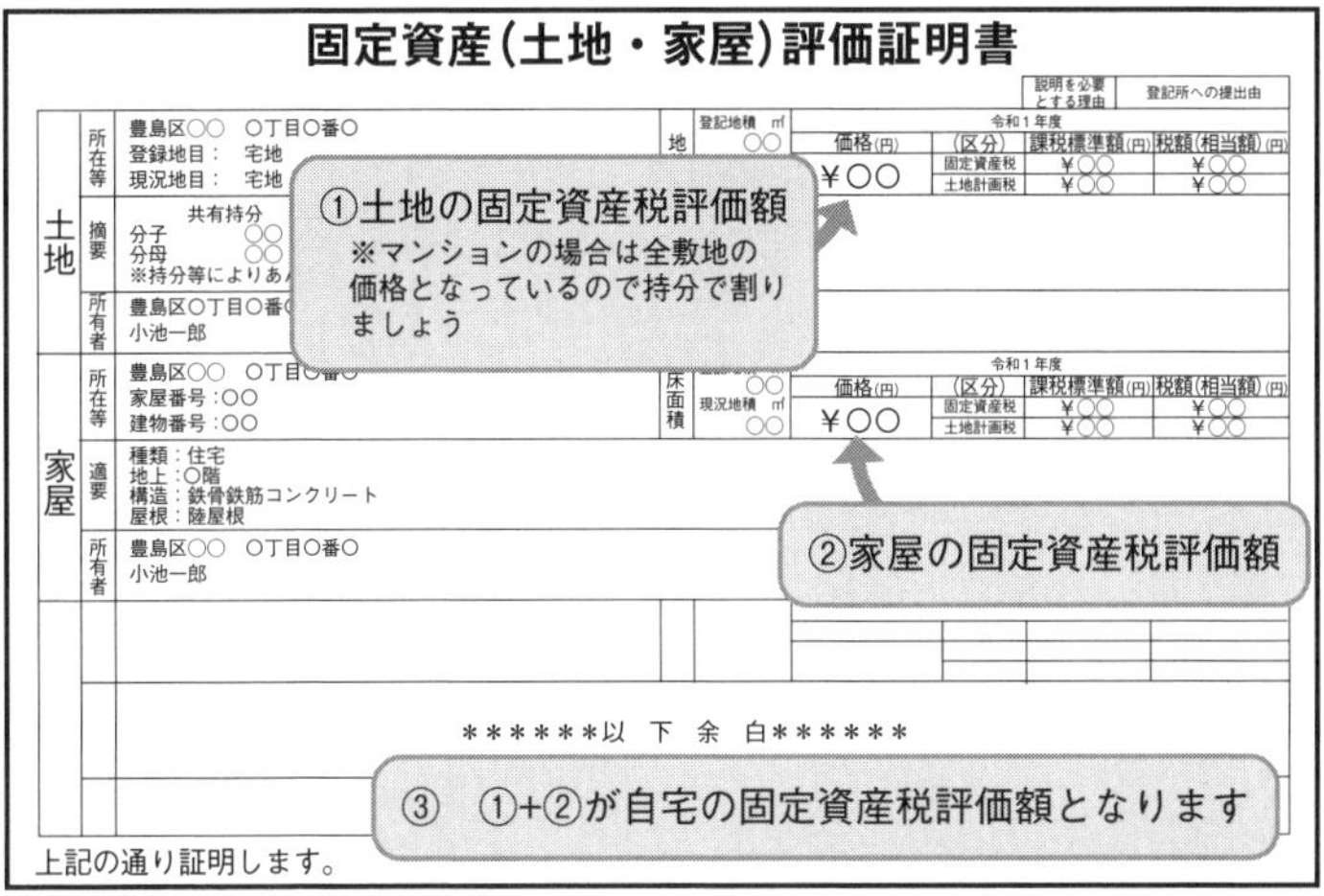

※自治体によってフォーマットは異なります

自宅が夫と自分の共有名義なら私でも取れますか？

それは可能です。あと、固定資産評価証明書は不動産の売買契約書とセットでしまってあることもあるので、探してみてもいいでしょう。ただし、固定資産評価証明書に書かれている金額は、あくまでも税金を決めるためのものですので、最低価格です。そのため、損をする可能性があるのが欠点です

了解しました。どの金額を採用するかは悩ましいですね……

住宅ローンがある場合

あと、特に問題になるのはローンが残っている場合です

あっ、我が家もローンが30年近く残っています……。３５００万円で買った家なのですが、ローンは２６００万円くらい残っています

結構残っていますね。小池さんのお家は、売るとしたらいくらで売れそうですか？

同じマンションの似たような間取りの家が売り出されているのですが、2500万円です。ということはこの金額で売れたとしても赤字……？

小池さんのように、多くの場合、住宅ローンを組んだり頭金を入れているため、売った金額＝分けられる金額にはなりません。特にオーバーローン、つまり**売却後もローンが残るような状態ですと、財産分与するプラスの財産がない**ので、自宅の分の財産分与はなしで、ローンの名義人がそのまま住み続ける場合も多いですね

引っ越すとまた一から保育園を探さなければいけないので、私と子供はこのまま住み続けたいのですが、それは可能でしょうか？

旦那さんが承諾してくれるのでしたら可能です。その場合は、小池さんが単独名義でローンを組みなおすことになります

できるんですね、よかった！

ただ、年収によっては単独ローンは組めないので、名義は夫のままにして、ローンは夫から妻に対し養育費として振り込んでもらう、もしくは、ローン分を妻が夫の口座に振り込み、夫から銀行に支払ってもらう、とすることも多いです。ただし、この場合、契約者である夫が家を出ているため、金融機関からローンの残額を一括請求されるリスクがあるため、あらかじめ金融機関に相談する必要があります。また、完済後に旦那さんから所有権を主張される場合もあります

え、実質残りを全て私が払ったとしてもですか？

旦那さん名義の分があると、その可能性は残ります。さらに、旦那さんが支払ってくれないと、自宅を差し押さえられてしまう可能性もあります。売却もしづらいですし。できれば自宅は売ってしまって、オーバーローン分は預貯金から支払って清算してしまうのが、将来のトラブルを防ぐうえではお勧めですよ

住宅ローンが残っているときの自宅の財産分与例

①住宅の価格がローン残高を上回るので売却する場合

▶自宅を売却し、残った額を半分ずつ分ける

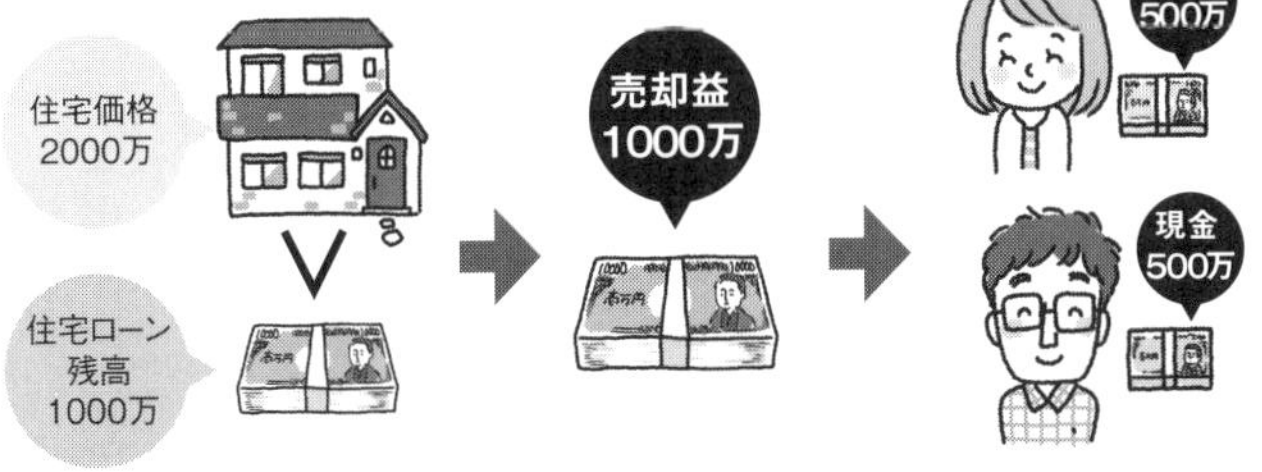

②住宅の価格がローン残高を上回るが売却しない場合

▶住宅の価格からローン残高を引いた残額について価値が残っていると考え、それを分与する

※分与できるだけの現金等がある場合のみ可能

③住宅の価格がローン残高を下回るので売却しない場合

▶名義がない方は何の権利も得ないが、支払い義務も負わない
（住宅以外の財産がない場合に限る）

その他注意点

あとは、例えば相手の借金とかも財産分与の対象になるんですか？

負債も財産分与の対象となりえます。ただ、原因にもよりますね。もしギャンブルや個人的な浪費等が原因でしたら、それは相手の特有財産となります。反対に、生活費のための借金や住宅ローン等の家事債務は共有財産です。また、財産分与より負債額の方が多い場合は、財産分与を受けることはできませんが、その負債を引き継ぐ必要もありません

負債まで引き継がなくても済むのは安心ですね。他に、なにか気を付けた方が良い点等はありますか？

見落とされがちなことといえば、もし一方が会社を経営しているのなら、その自社株も財産分与の対象になるということがありますね

自社株は確かに思いつかないかも。うちはサラリーマンなので関係ないですが

あとは、財産を隠されてしまうとどうしようもないので、その場合は、最終的に裁判手続きの中で、調査嘱託を利用して相手の財産を開示させる必要があります

そうなんですか。裁判手続きの中で財産開示を求めることは自力でもできますか？

できないことはありませんが、難しいと思います。なお、弁護士費用のことを考えれば、財産分与が優に100万円以上見込めなければ赤字となる恐れがあるため、財産があまりないなら、財産を公開させる目的だけで弁護士に依頼するのはやめた方が良いかもしれません。**普段から相手の財産は管理しておいた方が、どんな場合にも都合が良い**ですね

なるほど、了解です。財産開示を求める際に気をつけることってありますか？

そうですね、**金額等は分からなくとも、最低何があるかと、できれば銀行名と支店**

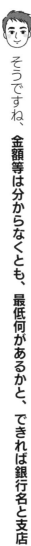

名は把握しておいてください。何があるのか分からないとなると、調べようもなくてどうしようもなくなってしまうので

調べる足掛かりが必要なんですね。話は変わりますが、友人が離婚話がこじれて別居しているらしいのですが、別居後に貯めた財産はどうなるのでしょうか？

これは議論が多い問題なのですが、最近は**別居後にできた財産は分与の対象とはならない**と考えるのがオーソドックスです

了解しました。教えてあげよう

財産分与にまつわる税金

財産分与に伴う税金に関しても説明しておきますと、まず、不動産の財産分与の場合には、登記手続の際の**登録免許税**《とうろくめんきょぜい》と、その後の**固定資産税**《こていしさんぜい》が課税されます

え、税金がかかるんですか？　いくらくらい？

登録免許税は、登記手続をする際に法務局に納付する税金でして、不動産価格の２％です。不動産価格が高いと負担も大きくなりますので、財産分与の合意をする際に、登録免許税についてはどちらが負担するか取り決めておくと良いと思います

分かりました！

また、固定資産税は課税標準額の１・４％です。これは、不動産の財産分与を受けた方が、その後、毎年支払う必要のある税金です

固定支出になってしまうんですね……

そうですね。また、財産分与を受け取る側の税金としては、他にも、財産を貰った場合に課税される**贈与税**《ぞうよぜい》や、不動産を取得した場合に課税される**不動産取得税**《ふどうさんしゅとくぜい》等が考えられますが、離婚に伴う夫婦財産の清算としての財産分与を受ける場合、原則

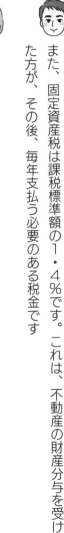

として、これらの税金は課税されませんので安心してください。しかし、財産分与として分与する財産が過大なものである等の事情がある場合には、贈与税や不動産取得税の課税がなされる可能性もありますので、注意が必要です

そうなんですね

ついでに、贈与税に関してもう少し説明しておきますと、婚姻期間20年以上の夫婦間で不動産を贈与する場合には、離婚前の贈与であっても、給付を受けた方がここに居住し続けることによって、最大２１１０万円の贈与税の控除を受けられます

贈与税は離婚後だとかからないのに、離婚前だとかかるんですか？

そうなんですよ。ですから相手が信頼できるようなら、受け取る側としては離婚後に受け取った方が得になります

なるほど。それならできれば離婚後に受け取りたいですね

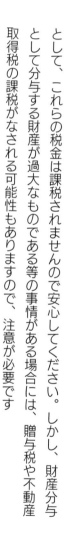

それから、財産を分与する側は不動産や有価証券等の現金以外の資産の財産分与をする場合、**譲渡所得税**《じょうとしゅとくぜい》が課税されますので、その点にも注意が必要です。具体的には、財産分与する際の時価が、購入時の価格よりも値上がりしているときは、財産分与を行う側に譲渡所得税が課税されます。この場合の税率は、資産の所有期間が5年以下か5年を超えるかによって異なります

譲渡所得税は、資産が値上がりしていなければ、考えなくていいわけですね

そうです。なお、譲渡所得税に関しては、居住用の不動産を財産分与する場合には、離婚後に財産分与を行うことによって3000万円までの特別控除を受けることも可能です。この場合、購入時の価格と財産分与時の価格の差が3000万円以下であれば、譲渡所得税は課税されないことになります

財産分与する側も離婚後の方がお得なんですね。ひとまずリストを埋めてみます！

財産分与のやりかた

リストが埋まりました！　学資は解約すると大損なので、かけ続けたいですね。それで、これってどうやって分けるんですか？

具体的には、**2人の共有財産を1／2ずつの割合で分けるケースが多いです。**学資保険は解約しないのであれば名義を小池さんに変更し、その差額分を現金等で旦那さんに支払います

そうすると、我が家の場合、学資保険を私が引き取ると、退職金込みで私の財産が310万円、夫が175万円になるので、その合計の半額である242万5000円にするためには、私の貯金から67万5000円を夫に支払うことになるんですね

夫　預金187万5000円＋車80万円＋退職金75万円－住宅ローン100万円

妻　預金12万5000円＋有価証券50万円＋学資保険120万円＋退職金60万円

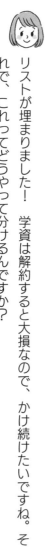

小池家の共有財産のリスト

種類	妻	夫
預貯金	80万円(みずほ銀行○○支店 口座番号○○○　○年○月○日現在)	120万円(三菱UFJ銀行○○支店 口座番号○○○　○年○月○日現在)
保険		生命保険　返戻金なし 保険証書番号○○ 第1子学資保険100万円 保険証書番号○○ 第2子学資保険20万円 保険証書番号○○
株式	ソフトバンク　評価額30万円　SBI証券 ○年○月○日取得、口数○、現在評価額○円	
その他の有価証券	ひふみプラス 評価額20万円　SBI証券 ○年○月○日取得、口数○、現在評価額○円	
自動車		トヨタ　プリウス　見積もり80万円 登録番号○○
不動産(土地建物)		自宅マンション　2500万円 所在地○○、床面積○平米、構造○○、持分○○
退職金	(予想60万円)	(予想75万円)
高価な家具・家電		
金銭的価値の高いもの(貴金属、骨董品等)		
負債(住宅ローン、教育ローン、自動車ローン等)		住宅ローン　-2600万円
年金		
合計	130万円(190万円)	220万円(295万円)

貯金が12万だけというのは辛いですね……。ちなみに、専業主婦や主夫だったり、収入が相手と大きく差があるときでも財産分与は1／2ずつなんですか？

夫婦は支え合っているわけですから、貢献度も関係なく半分ずつです。よほど特殊な才能で稼いだ財産なら、稼いだ人に若干割合が多くなるケースもありますが

どちらが有責だとかも関係ないんですか？

財産分与においては、どちらが有責かどうかは関係ないですね。ただし、財産分与も年金分割も**時効は離婚成立から2年**ですので、離婚後にやろうと考えている場合は時期については注意が必要です

早めにやることが大事ですね

【やってみよう！】 63ページの共有財産リストを埋めてみましょう

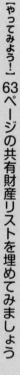

婚姻費用と別居の注意点

婚姻費用って何？

先ほどお友達が別居されているとおっしゃっていましたが、離婚前に別居する方は少なくないんですよ。ところで、お友達は婚姻費用の請求はされていますか？

婚姻費用というのもあるんですか？　どうかな？　話したことないです

婚姻費用は、生活費のことです。例えば、専業主婦の方の場合、もし旦那さんが出て行ってしまってお給料が途絶えたら、生活に困ってしまいますよね。**夫婦にはお互いが同レベルの生活ができるように努力する義務がある**ので、収入のある方が無い方に対して生活費の支払いをする義務を負うんですよ

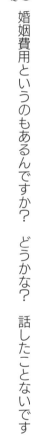

離婚にまつわるお金と言えば「養育費」というイメージがあるのですが、婚姻費用は養育費とは違うんですか？

養育費は子供のお金ですが、**婚姻費用は子供と、夫婦のうちで収入が少ない方の生活費**なので、離婚が成立するまでは婚姻費用、離婚成立後は相手の生活の面倒を見る必要はないので養育費だけになります

そうなんですね。婚姻費用はいつまで貰えるんですか？

離婚が成立するまでは請求が可能です

友人は子供を連れて自ら出て行ったのですが、それでも請求できますか？

別居の原因と夫婦の扶養義務は別の問題ですので、収入によっては請求できます

それは朗報ですね！　ちなみに金額っていくらくらいなんですか？

話し合いで合意すればいくらでも大丈夫なのですが、家庭裁判所が算定表を公開しているので、これを基準に支払われることが多いです。84ページを見てください

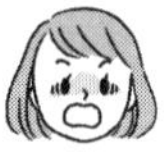

なんだか細かく数字がかかれていますね

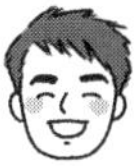

小池さんのお家の状況を例に見てみましょうか。相手と自分の収入及び子供の有無と人数によって変わりますので、各々の年収と子供の数を教えてください

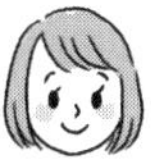

源泉徴収票によると、うちは夫の税込み年収が５１５万円で、私が３１０万円。子供は１歳と５歳の子がいます

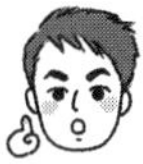

すると、０～14歳の子供が２人ということになりますね。87ページの表を見てください。縦軸が婚姻費用を支払う側、横軸が貰う側の年収です。各々の数字から線を伸ばし、交わった点が婚姻費用の金額ですので、小池さんがお子さんを２人連れて別居した場合に旦那さんから支払われる婚姻費用は、月８～10万円になります

婚姻費用算定表（夫婦のみ）（2）

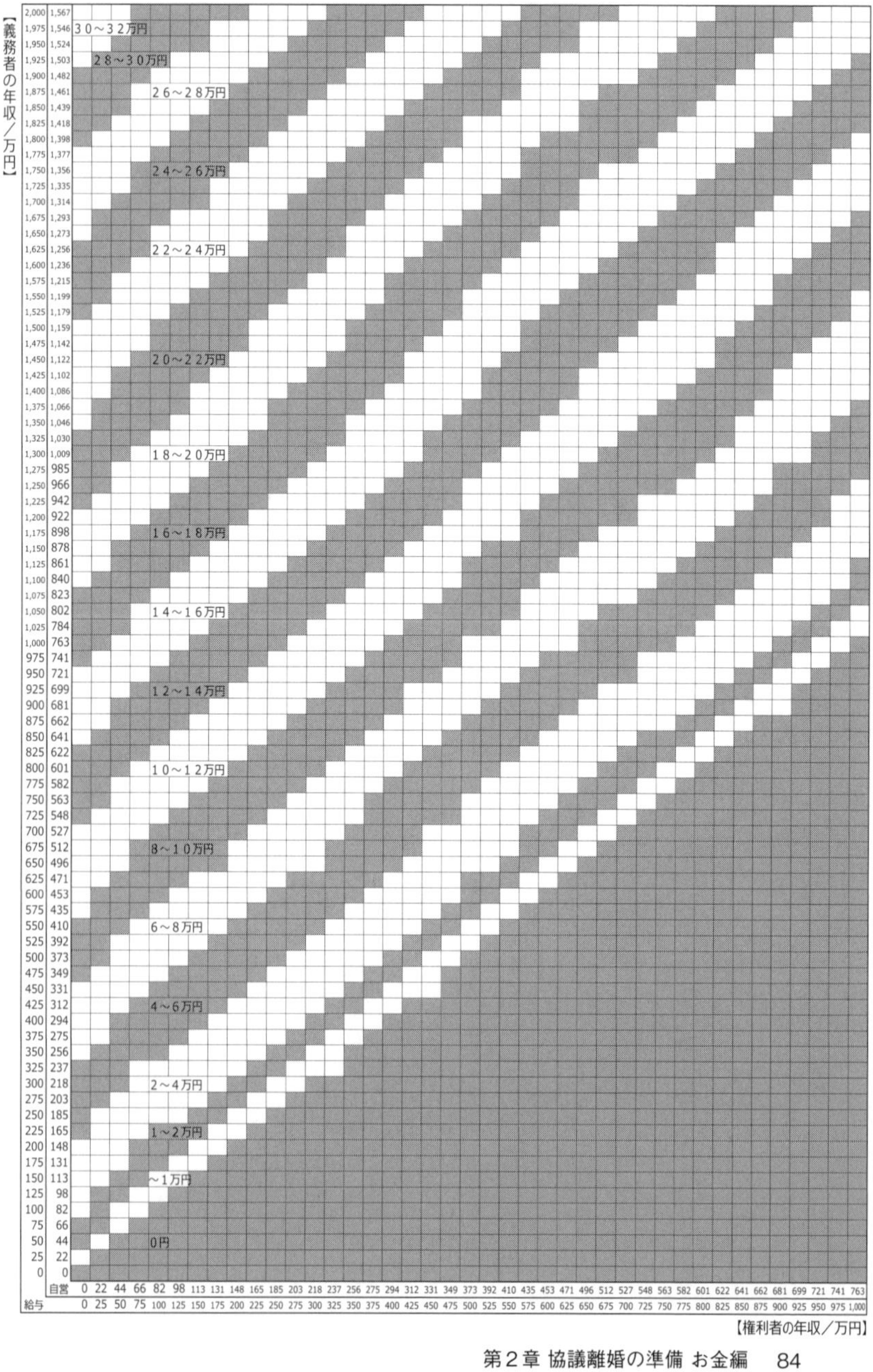
【義務者の年収／万円】
30～32万円
28～30万円
26～28万円
24～26万円
22～24万円
20～22万円
18～20万円
16～18万円
14～16万円
12～14万円
10～12万円
8～10万円
6～8万円
4～6万円
2～4万円
1～2万円
～1万円
0円
2,000 1,567
1,975 1,546
1,950 1,524
1,925 1,503
1,900 1,482
1,875 1,461
1,850 1,439
1,825 1,418
1,800 1,398
1,775 1,377
1,750 1,356
1,725 1,335
1,700 1,314
1,675 1,293
1,650 1,273
1,625 1,256
1,600 1,236
1,575 1,215
1,550 1,199
1,525 1,179
1,500 1,159
1,475 1,142
1,450 1,122
1,425 1,102
1,400 1,086
1,375 1,066
1,350 1,046
1,325 1,030
1,300 1,009
1,275 985
1,250 966
1,225 942
1,200 922
1,175 898
1,150 878
1,125 861
1,100 840
1,075 823
1,050 802
1,025 784
1,000 763
975 741
950 721
925 699
900 681
875 662
850 641
825 622
800 601
775 582
750 563
725 548
700 527
675 512
650 496
625 471
600 453
575 435
550 410
525 392
500 373
475 349
450 331
425 312
400 294
375 275
350 256
325 237
300 218
275 203
250 185
225 165
200 148
175 131
150 113
125 98
100 82
75 66
50 44
25 22
0 0
自営 0 22 44 66 82 98 113 131 148 165 185 203 218 237 256 275 294 312 331 349 373 392 410 435 453 471 496 512 527 548 563 582 601 622 641 662 681 699 721 741 763
給与 0 25 50 75 100 125 150 175 200 225 250 275 300 325 350 375 400 425 450 475 500 525 550 575 600 625 650 675 700 725 750 775 800 825 850 875 900 925 950 975 1,000
【権利者の年収／万円】

婚姻費用算定表（子１人０～14歳）(3)

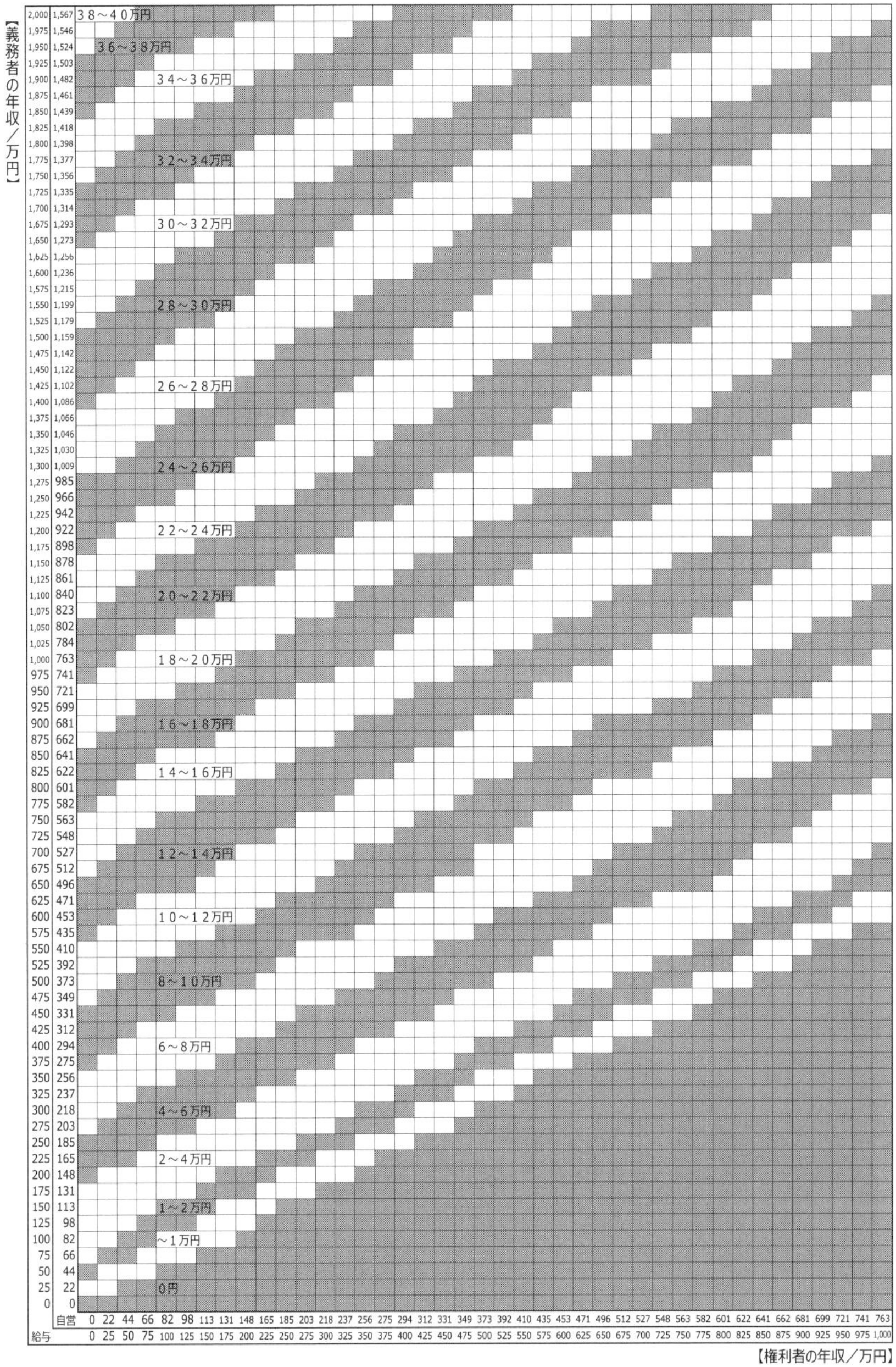

【義務者の年収／万円】
38～40万円
36～38万円
34～36万円
32～34万円
30～32万円
28～30万円
26～28万円
24～26万円
22～24万円
20～22万円
18～20万円
16～18万円
14～16万円
12～14万円
10～12万円
8～10万円
6～8万円
4～6万円
2～4万円
1～2万円
～1万円
0円
給与: 2,000 1,975 1,950 1,925 1,900 1,875 1,850 1,825 1,800 1,775 1,750 1,725 1,700 1,675 1,650 1,625 1,600 1,575 1,550 1,525 1,500 1,475 1,450 1,425 1,400 1,375 1,350 1,325 1,300 1,275 1,250 1,225 1,200 1,175 1,150 1,125 1,100 1,075 1,050 1,025 1,000 975 950 925 900 875 850 825 800 775 750 725 700 675 650 625 600 575 550 525 500 475 450 425 400 375 350 325 300 275 250 225 200 175 150 125 100 75 50 25 0
自営: 1,567 1,546 1,524 1,503 1,482 1,461 1,439 1,418 1,398 1,377 1,356 1,335 1,314 1,293 1,273 1,256 1,236 1,215 1,199 1,179 1,159 1,142 1,122 1,102 1,086 1,066 1,046 1,030 1,009 985 966 942 922 898 878 861 840 823 802 784 763 741 721 699 681 662 641 622 601 582 563 548 527 512 496 471 453 435 410 392 373 349 331 312 294 275 256 237 218 203 185 165 148 131 113 98 82 66 44 22 0
自営 0 22 44 66 82 98 113 131 148 165 185 203 218 237 256 275 294 312 331 349 373 392 410 435 453 471 496 512 527 548 563 582 601 622 641 662 681 699 721 741 763
給与 0 25 50 75 100 125 150 175 200 225 250 275 300 325 350 375 400 425 450 475 500 525 550 575 600 625 650 675 700 725 750 775 800 825 850 875 900 925 950 975 1,000
【権利者の年収／万円】

婚姻費用算定表(子1人／15歳以上)(4)

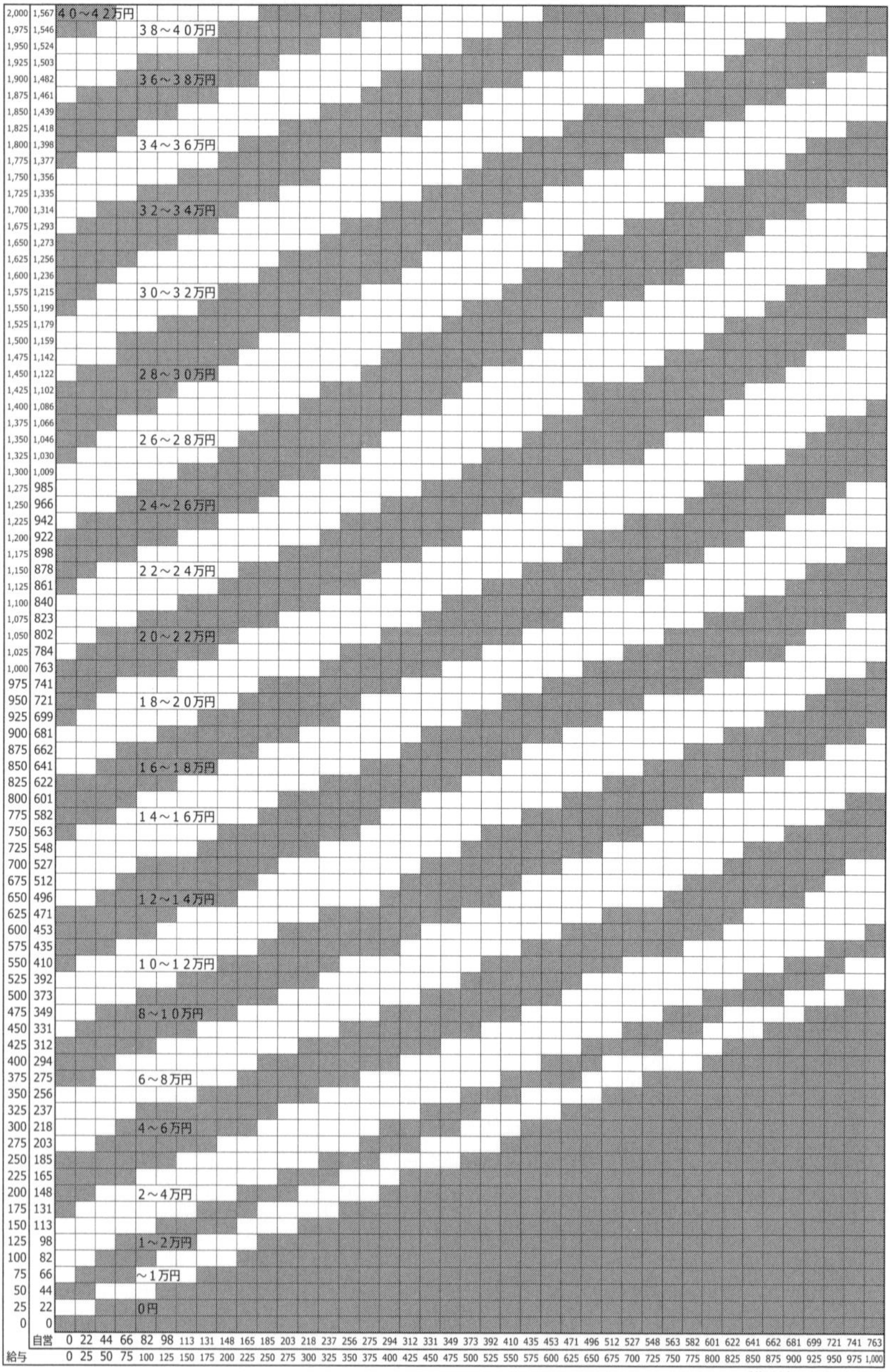

婚姻費用算定表（子２人／２人とも０～14歳）(5)

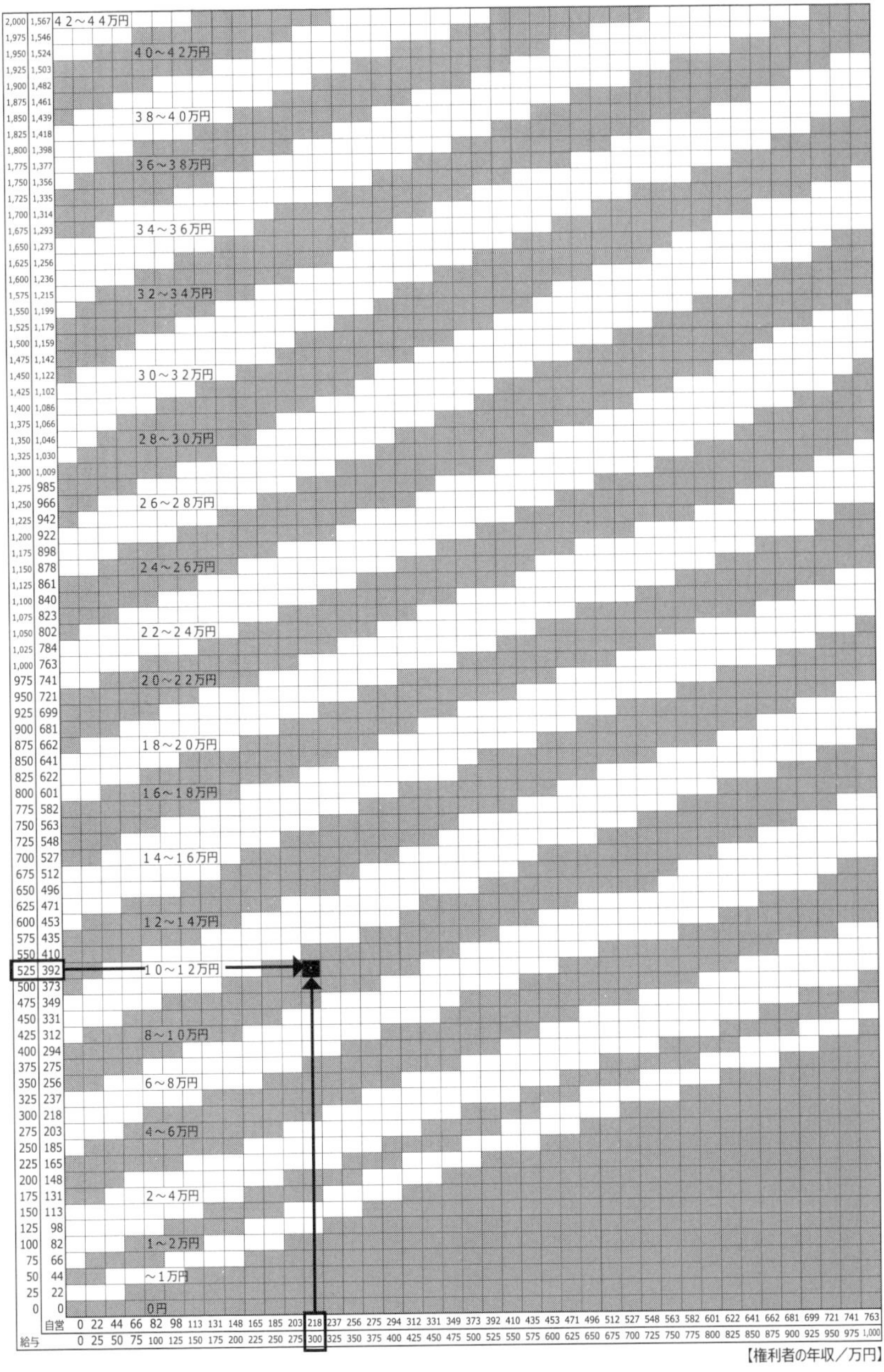

婚姻費用算定表(子２人／第１子15歳以上、第２子０～14歳)(6)

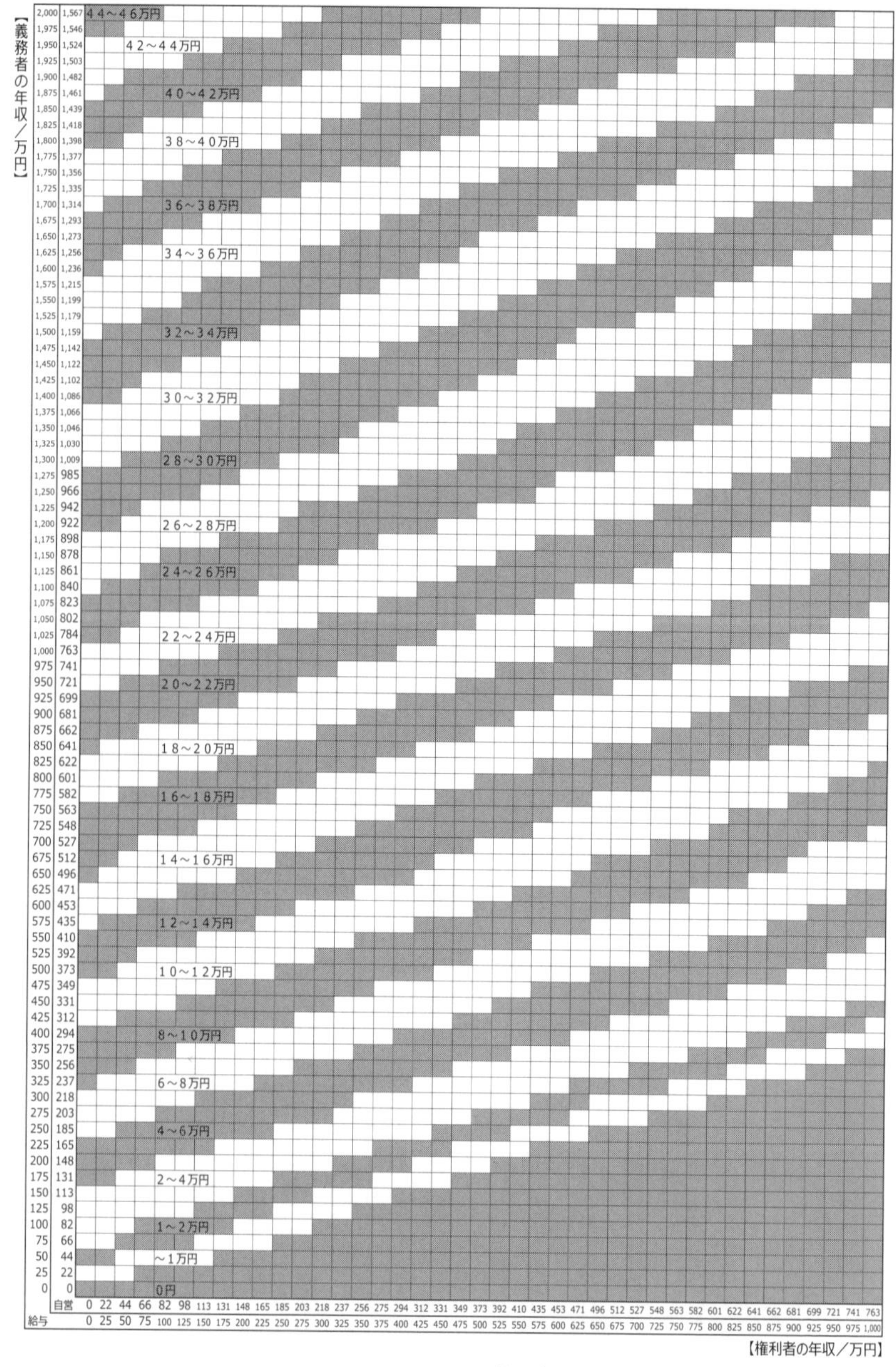

婚姻費用算定表(子２人／第１子及び第２子15歳以上)(7)

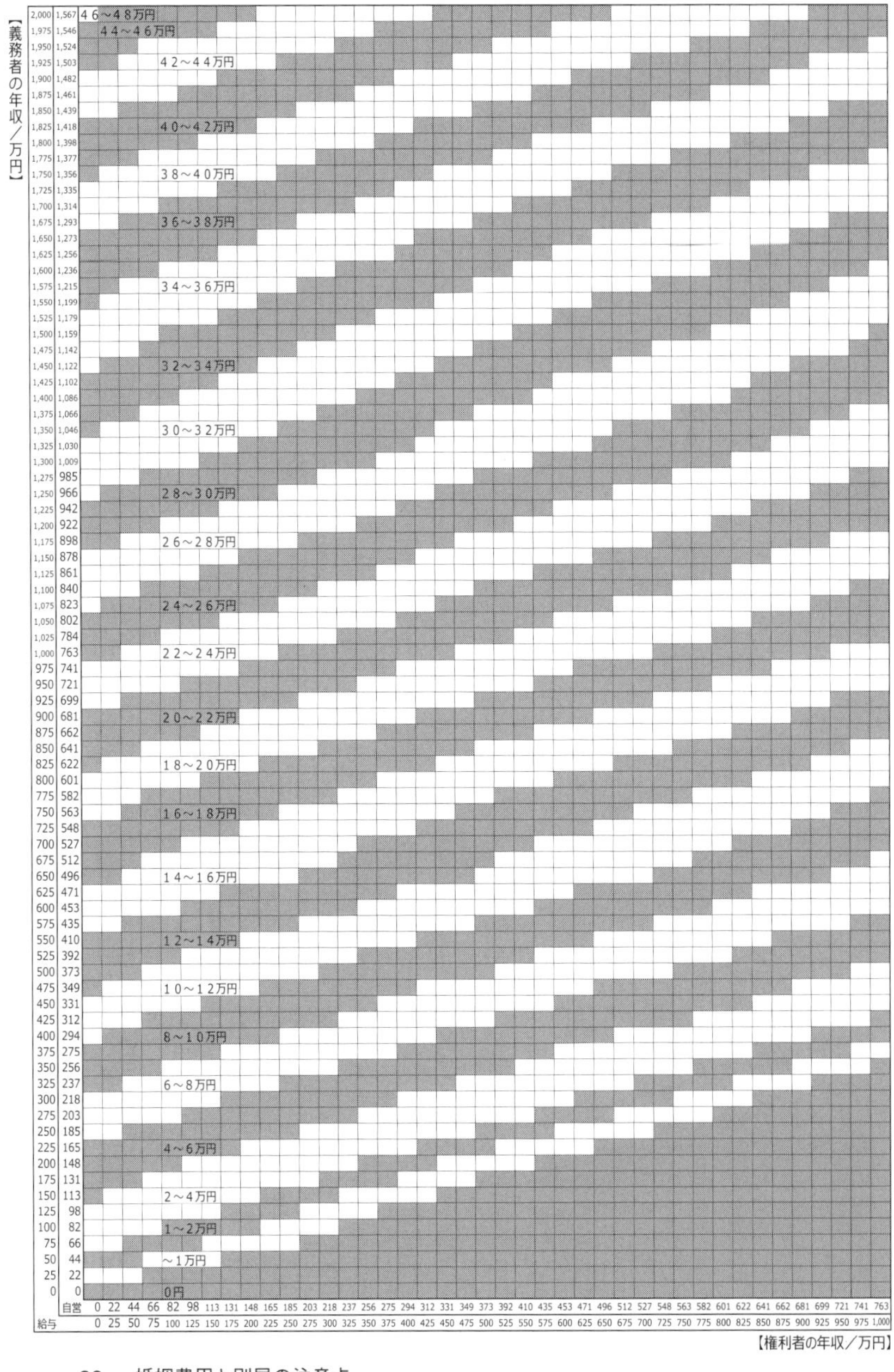

515万なら525万の列、310万なら300万の列ということは、金額は近い方の数字を選ぶんですね。それにしても、あるとないとでは大違いですね！

そうですね。婚姻費用と養育費は2019年に算定表の見直しがあったので、これまでより1、2万円多く貰える方が増え、より重要になってきています。また、婚姻費用の権利は請求して初めて発生するので、**別居をしたら相手に請求して、払われない場合は調停の申立てをすることが貰い損ねないコツ**です

あとから請求するとそれまでの分は貰えないんですか

基本的には請求時以降の分しか貰えません。また、話し合いで支払ってもらえるとなった場合は、**書面で合意を残しましょう。**支払いが滞っても口約束だけでは、後々裁判になったときに支払ってもらえない可能性が高いので注意してください

ちなみに、もし相手が捕まらないときはどうしたらいいのでしょうか？

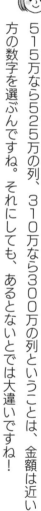

相手がなかなか捕まらないのであれば、調停の申立てをすると良いでしょう

離婚の調停とはまた違うものですか

はい。ただ、離婚調停と同時に申立てるといいですよ。同じ調停委員が担当してくれますし、まず婚姻費用を先に決め、生活費を得てからゆっくり離婚の話ができるようになりますから

それは助かりますね。でも、相手が調停に来ないということはないのでしょうか？

調停に相手が来なければ審判に移行して、裁判所から支払いを命じる審判を出してもらうことができます

別居で有責配偶者にならないために

分かりました。それにしても、別居、いいですよね。私も、一刻も早く別居したい

あまりにも別居期間が長いのであれば、裁判になったときに夫婦として破綻しているという判断に繋がりやすいですしね

長期間別居していた方が離婚しやすくなるということですか？　それなら、うちもとっとと別居してしまおうかな

いえいえ、別居は最終手段とした方がいいでしょう

え、なんでですか？

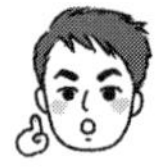

民法では夫婦は同居して協力する義務があると定めています。ですから、**正当な理由がないのに出ていくと、悪意の遺棄とみなされ有責配偶者になってしまう可能性もある**んです。だから別居は、まずは話し合いをして、そのうえで、どうしてもだめで、夫婦関係がどんどん悪くなって……という状況で初めてとるべき手段です

えー、悪意の遺棄で有責配偶者になったらどうなってしまうんですか？

有責配偶者になると、単純な場合と比較して、離婚するために必要な別居期間が長くなる可能性はありますね。他にも、慰謝料を請求される可能性もあります

そうなんですね……。でも、正当な理由があれば別居してもいいんですよね？　どういう場合なら正当な理由があるとみなされるのでしょうか？

まず、ＤＶがあるなら別居は不法行為に対する緊急避難ですから全く問題ありませんし、相手に不貞行為等がある場合や「出て行け」と言われた場合等は正当な理由があったとされます。その際の証拠はとっておいた方が良いですが

それでは、性格の不一致で離婚したいのに相手が承諾してくれないときは、不穏な雰囲気のまま毎日を過ごすしかないんですか？

そうですね、例えば、常に喧嘩ばかりしていたり、離婚の話を切り出したら夫婦間

での会話もなくなってしまって夫婦として形骸化《けいがいか》してしまった、というような状態であれば恐らく大丈夫でしょう

そうすると、うちも別居しても問題ないかも知れません。でも、普通別居って不穏な空気から発展するんじゃないんですか？

客観的には円満に見えたのに、一方が心の中だけでずっと離婚したいと考えていて、ある日突然出て行ってしまったという場合もあるんですよ。そういう場合は同居義務違反となり、離婚原因を作ってしまうことになる可能性があります

なるほど。有責配偶者にならない別居のコツって他にありますか？

一番いいのはお互いに了承して出ていくことですね。**「ちょっと冷却期間を置こう」と話し合ってから出ていく**等

それで戻るか戻らないかは自由、ということですね

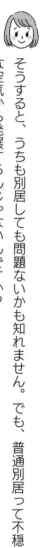

あとは、別居開始時に婚姻関係が破綻していたと証明できれば、裁判になっても同居解消に正当な理由があったと判断してもらうことはできると思われます

別居前に婚姻関係が破綻している……ってどういう状態ならいいんですか？

どのラインから大丈夫でどこからだめだという線引きは難しいのですが、調停をしていたり、離婚の話し合いをしていたことで認められた判例はありますね

そうなんですね。ちなみに、うちのようにお互い有責ではない夫婦が別居するとしたら、何年くらい別居期間があれば婚姻関係が破綻しているとみなされますか？

通常は5年ですね。ただ、離婚を請求する当事者が有責配偶者で、別居して離婚を請求するとき、特に小さいお子さんがいる場合は、5年なんかではぜんぜん認めてくれないです。15年近くは別居期間を重ねないと厳しいだろうと思いますね

結構長いですね。別居するときって何か気を付けた方が良いことってありますか？

婚姻費用の話は先ほどしましたね。あとは、別居中でも婚姻関係は続いているので、自分が有責配偶者になってしまわないよう、異性関係には注意しましょう

なるほど

財産もリスト化しておくといいですね（62ページ参照）。別居してしまうと、調べるのが難しくなりますから。また、あとで詳しくお話ししますが、親権が欲しいならお子さんは必ず連れていくようにしてください（108ページ参照）

分かりました

あと、児童手当の振込先が相手の口座なら、相手に請求するか受給者を変更します

受給者の変更はどうすればいいんですか？

お住まいの市区町村の児童課等で手続きすることが多いと思われますが、その際に調停期日の呼び出し状等、別居の証拠となるものが必要になる場合もあります

それはちょっと大変そうですね。あとは、通帳は相手名義のものを持って行ってしまうと問題になりますか？　生活費の口座は夫名義なんですよね

夫婦間のことなので窃盗にはならないと思いますが、共有財産であっても相手名義のものは相手に所有権がありますし、相手名義の通帳は普通使えないはずです。ただ、生活費を夫名義の口座に振り込んでもらい、その通帳を妻が管理しているというケースは多いです。そのような場合には、贅沢品の購入や財産隠しを行わなければ、大きな問題になることはないでしょう

【やってみよう！】

①婚姻費用をチェックしてみましょう

②別居をするなら正当な理由を用意しましょう

新生活費用も忘れずに

新生活にもお金はかかる

あと、法的には規定がないけれど気を付けてほしいのが**新生活の費用**です

新生活に必要なお金というと、新居の入居費用等ですか？

引越し代や、当面の生活費も。法的にはこれらを支払う義務はなかなか認められませんので、事実上、財産分与や慰謝料から払うことになります。ですから、引越し代等については慰謝料や財産分与の中から捻出するように考えた方がいいでしょう

【やってみよう！】新生活にいくら必要か見積もってみましょう

第３章
協議離婚の準備
子供編

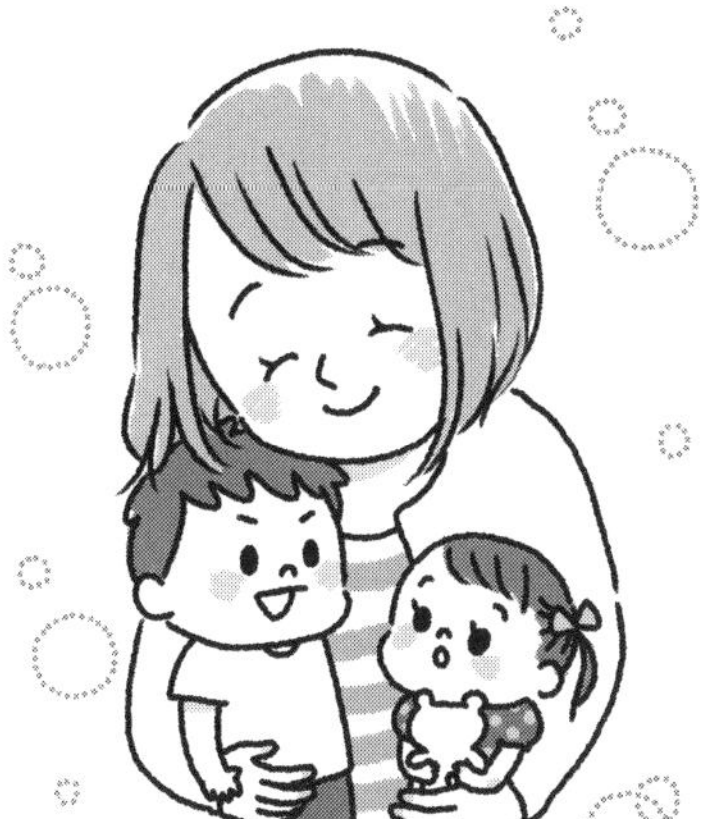

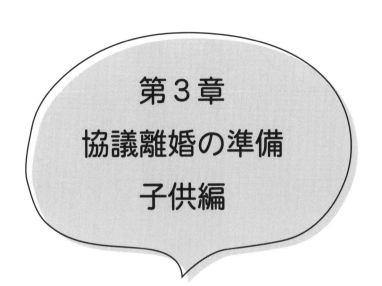

親権はとれますか？

親権とは何か

これからお話しする親権も、揉めることの多い問題です。ところで小池さんは「親権」ってなんだか知っていますか？

「親権」はさすがに知っていますよ！　子供と暮らす権利ですよね？

そのような面もあるのですが、親権は、簡単にいうと、未成年のお子さんの利益のために、親がお子さんを養育、監護する権利であり、義務のことです

養育、監護する権利であり、義務……そうか、義務でもあるんですね

そうです。多くの方は権利として親権を持つことを望まれますが、**子供を幸せにするための親の義務**の面もあることは忘れずにいてくださいね

心得ました。ところで、養育、監護って具体的にはどんなことですか？

法律で定められているのは「身上監護権《しんじょうかんごけん》」と「財産管理権《ざいさんかんりけん》」です

・**財産管理権**＝子供の財産を管理し、これに関する法律行為を代理する権利
・**身上監護権**＝子供を監護・教育する権利

身上監護権は、子供を教育したり身の回りの世話をする権利でして、ここには、住むところを決める権利である居所指定権《きょしょしていけん》、罰する権利である懲戒権《ちょうかいけん》、職業に就くことを許可する権利である職業許可権《しょくぎょうきょかけん》も含まれます

親って結構色々な権利をもっているんですね。思っていたより複雑そう……

そうなんです。そして、もう1つが財産の管理権ですね。未成年者が財産の処分を行う場合には親権者の許可が必要となりますので、財産を守ってあげる権利ですね

子供の財産というと、お年玉とかお小遣い？

あと遺産や贈与もあります。未熟な子供が財産を管理して、なくなってしまっては子供のためにならないので、未成年者の財産は親権者が守れるようになっています

なるほど、それは大事ですね

監護権と親権を分離する？

親権といえば、稀ですが、親権と身上監護権を分離することがあります

分けることができるものなんですか？

基本的には1つの権利として、父親か母親に帰属させるというのが原則なのですが、ケースによっては、身上監護権が監護権として分離されて帰属が決まることがあるんです。その場合、親権を持つのは父親、実際に面倒を見るのは母親、というケースが多いですね

なぜ、そんなことするんですか?

例えば、母親が浪費癖等があり財産の管理ができないものの、子供の身の回りの世話は母親の方が良いだろう等、よほどお子さんのためにならない事情がある場合や、双方の話し合いが激しい場合は折衷案《せっちゅうあん》的に分離することがあります

親権者と監護権者の権利

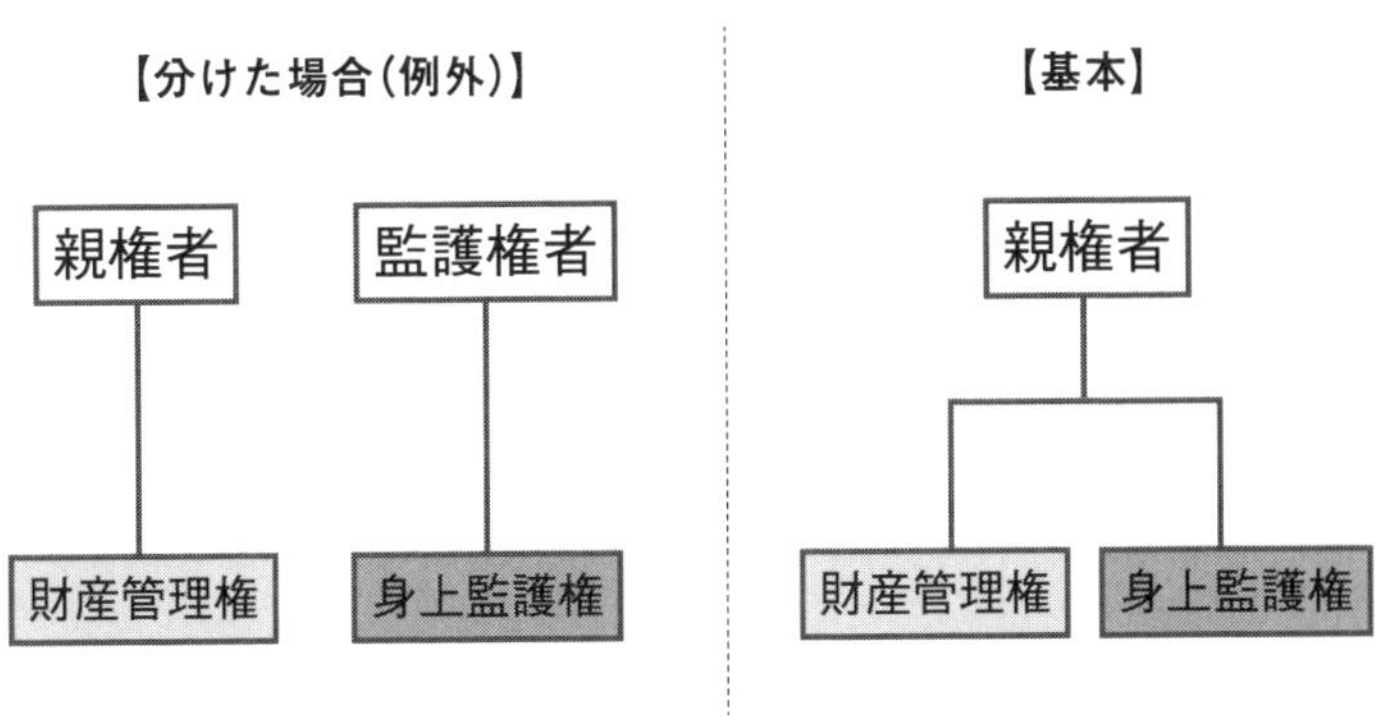

折衷案になるなら悪くない気もしますが、なにか問題があるのでしょうか？

親権と監護権を分けるメリットとデメリットは次の通りです

メリット……親権の争いがあまりにも激しい時の妥協案となる

デメリット…緊急性があるときや重大な岐路に立たされた時、親権者の同意が必要であるため、元夫婦同士で連携をとり続ける必要がある

親権と身上監護権を分けて持っているにもかかわらず、夫婦間で連絡を取っていないと、親権者の同意が必要な事項に遭遇した場合に不都合が生じがちです。例えば、子供の財産の処分や、契約、入学、進学する等、親権者のサインが必要な場合は少なくありません

せっかく離婚したのに毎回サインを貰いには行きたくないですね

また、緊急時、例えば交通事故等で重体になったときに親権者の同意が必要になります。まあ、病院も緊急性があればなんとかするとは思いますが……

子供が人生の岐路に立った時に苦労する可能性があるということなんですね

他にも、再婚時の養子縁組も親権者の同意が必要になったり、銀行口座を作るときにも困る可能性があります。また、子供の氏を自分と同じ氏にしたいと考えた場合も、親権者の協力を得られなければ子供の氏《うじ》を変えられないので非常に不便です

なるほど。では、できるだけ分けない方が良いんですね

どうすれば親権が得られるのか

それで、親権については、協議離婚なら、どちらが親権者になるか話し合い、合意ができたら離婚届の「未成年の子の氏名」の「夫が親権を行う子」か「妻が親権を

行う子」の欄に、子供の名前を書けばそれでおしまいです。子の親権者が決まらないと離婚はできませんので、合意できない場合は調停になります

親権って離婚原因が性格の不一致だとどうなるのでしょうか?

確定した裁判例があるわけではないのですが、**「どちらに離婚の原因があるか」と「どちらが親権者になるか」は、別の問題と考える**のが一般的です

離婚原因を作ったのがどちらかは全く関係ないんですか??

影響があるときもありますよ。例えば、妻が恋人を作って出て行ってしまい、家に夫子が残された、というケースで、離婚原因は、妻による悪意の遺棄や不貞行為になったとしましょう。一般的には離婚原因で親権者が左右されることはありません。ですがこの場合、子供を捨てて出て行っている以上、親権を主張するのはおかしいという判断になる可能性が高いです

事情はともあれ、一度置いて行ってしまったのですものね……

他にも、お子さんの養育に影響するような意味での離婚に対する有責性がある場合は、親権の判断にとってマイナスになります

養育に影響するって、変な宗教にのめり込んでいたり、ギャンブルをしていたり？

信仰の自由があるので宗教にのめり込んでもお子さんに悪影響とは言えませんが、暴力を加える宗教であったり、浪費が激しすぎて「お子さんの日常生活が成り立たない」等は、マイナスと判断されるでしょう。その域には達していない程度であれば、離婚原因と親権はあまり関連しないと考えられます

なるほど。……親権は母親が有利とは聞きますが、これはどうなのでしょうか？

最近は画一的に母性優先とは言い難い面はあります。ただ、それでも実務を見ている限りお母さんの方が強いかなという感覚がありますね

現実的に子供の面倒を見ているのは、まだまだ母親であることが多いですものね

裁判所等でも根底にそういう意識が残っているので、実務もなかなかガラッと変わらないのでしょうね。ただ、以前と比べると、男性に親権を認めることもちらほら聞くようにはなってきていますよ

母親でも過信は禁物ですね。ますます気を引き締めて親権をとりにいかねば

親権の決定に影響を与える事情とは

親権の決定のためには、次の事情を総合的に考えることになります

親権決定に影響する事象

①経済状況・収入……………………最低限は必要

②子に対する愛情と監護意思と能力…大きい方が良い

③精神面や体の健康状態……入院ばかりしているよりは元気な方が良い
④居住環境・教育環境……しっかりしている方が良い
⑤親族の援助の可否……援助がある方が有利
⑥離婚に至るまでの監護状況……それまで面倒を見ていた方が有利
⑦お子さんの年齢と発育状況・意思…年齢等によっては子供の望む方になりやすい
⑧兄弟との関係……なるべく兄弟は一緒の方が良い
⑨従来の環境への適応状況……現状が良ければそのまま・問題があれば変える

たくさんあるんですね。収入が少ないと厳しいのでしょうか?

収入は高ければいいというよりは、生活の最低ラインを維持できるかどうかが問題となります。たとえ収入があったとしても、浪費が激しくてお子さんの生活が成り立たないようであればマイナスになります

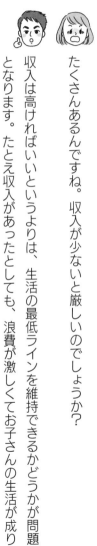

私は一応正社員だし、最低ラインは維持できるかな。でも、斜陽産業だし……。もし失業して、収入がなくなってしまったら、親権を得るのは厳しいですか？

経済状況を考えた場合、たとえ片方にお金がなくとも、もう片方にお金があれば養育費で補うこともできます。また、経済状況だけが考慮される唯一の事情ではなく、それまでの**養育の実績等を含めた総合的な判断がなされます**。ですから、例えば生活保護であったとしても、親権をとれる可能性はありますよ

一番大切なのは監護の継続性

良かった。そうすると、何が親権を決めるうえで一番重視されるのでしょうか？

そうですね、私の感覚では、**一番重視されるのは監護の継続性、つまりそれまで日常的に面倒を見てきたかどうか**ですね。基本的に、育児を手伝わない男性であればまず親権はとれません

なるほど。でも、今は育児をする男性も増えていますよね。もし育児を半分ずつしていた場合はどうなりますか？

それはかなり揉めるでしょうね。ただ、男性側がやっていたということを立証できなければ、そういう場合は母性が優先されるでしょう

立証しなければいけないのは大変ですね

そうですね。ただし、**母性優先よりも継続性の方がかなり重視されます。**もし母親が子供を置いて家を出てしまい、そこで父親と子供だけの暮らしで問題がなければ、後に母親が親権を主張したとしても、そのまま父親と住み続ける方が環境の変化もなくて子のためには良いと判断される可能性は高いです

そうなんですね……。どれくらいの期間そういう状態だと不利なんでしょうか？

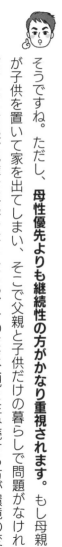

程度問題なので難しいですが、半年でも子供にとっては長いです。子供は数か月レベルでどんどん成長していきます。ですから、親権が欲しいならば、決して**安易に子供を置いて行ってはいけません**

分かりました。絶対に置いていかないことにします

ある程度の年齢なら子の意思の影響も大きい

あとは、親権争いになった場合に重視されるのは、やはり子供の意思ですね。年齢が小さいうちは、多少母親有利となるケースは多いですが、大きくなればお子さんの意思もはっきりしてくるので、本人が決められるようになりますね

だいたい何歳から本人の意思が尊重されるのですか？

法律では親権者を指定したり、子の監護権に関する処分についての裁判をする場合には**15歳以上はお子さんの意見を聞かなければいけないと決められています。**15歳

未満であっても、ある程度お子さんが分別がつくようであれば、例えば、小学校に上がって、10歳くらいからはある程度意見は重視していけるのかなと

意外と早いうちから子供の意思が考慮されるんですね

親権者を後から変えるのは至難の業

他に親権を決めるうえで注意することはありますか？

協議離婚で親権を決める際に特に気を付けるべきなのは、安易に親権者を決めないことです。離婚したいからとりあえずどちらかに決めてしまう、というのは絶対にやめてください。**親権は一度決めると、後で変えるのはものすごく大変**だからです

そうなんですか。でも、変えられるときもあるんですよね？

基本的に、**親権者を変えられるのは、子の福祉に悪い影響を与えていると考えられ**

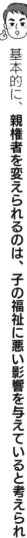

る場合のみです。例えば、母親に親権があっても、母親が子供を虐待していたら親権者は変更されるでしょう。ただし、その場合も、協議では変更できず、必ず家庭裁判所で調停や審判を行う必要があります

子供自身が希望した場合でも、悪い影響がない場合は変更できないのですか?

子供が希望した程度では難しいですね。お子さんの意思は重要なので家庭裁判所は考慮すると思いますが

結構ハードルが高いんですね。例えば離婚前に、「いついつになったら親権を移す」と契約書を取り交わしていてもダメなんですか?

親権を離婚後に変更するためには、家庭裁判所の許可が必要となります。当事者間だけで合意しても、その合意に裁判所が縛られることはないので、変更を申立てた時点の状況だけで裁判所は判断します。ですので、そのような合意は無効です

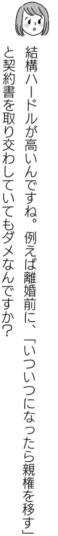

親権がないのに子供を連れ去るとどうなる？

私が関わった案件でも、親権は依頼者側と合意して離婚届を提出したにもかかわらず、離婚後に相手が、やはり渡したくないと子供を連れ去ったことがありました

え、それは大変ですね。どうなったんですか？

その時は**人身保護請求**をして、最終的にはお子さんを相手から取り上げて依頼者に引渡しました。離婚届に書いてしまったら、ほぼ取り消せないと思ってください

取り上げられるんですか！　辛いですね。でも、親権を持っている側からすれば安心なのか……。人身保護請求ってどんな制度なんですか？

人身保護請求は、違法な手続きによって連れていかれた子供を取り返す裁判手続きのことです。判決の日にお子さんを裁判所に連れてきて、判決でどちらに引き渡すかが決まったら、そのとおりに子供を渡してくれるんですよ

離婚前の連れ去りはどうなる？

かなり強制的なんですね。ちなみに離婚前に子供が連れ去られてしまった場合も同じようにするんですか？

離婚前でしたら、監護権者の指定と子の引渡しの調停や審判を申立て、これと併せて、子の引渡しの審判前の保全処分《ほぜんしょぶん》を申立てることが考えられます

保全処分？

調停や審判は時間がかかるので、子供を今の状態にしておけないという場合には、調停や審判の前に子供を仮に引渡してもらうように命令してもらえるんです

え、そんなに期間がかかるのですか？

調停や審判ですと数か月の期間が必要なケースが多いですね

数か月も子供と離れて暮らすのは心配ですね。それは保全処分をするべきですね。子の引渡しの審判等では、どのような点が考慮されて、決められるのですか？

まずは、連れ去ったときの状況ですかね。嫌がっている子供を誘拐するような形で無理やり連れ去った場合等は違法性が高いため、相手方に引渡しなさいという請求が認められやすいですね。また、連れ去られた後の子供の状況や、連れ去られる前の養育環境等も重要な考慮要素になります

なるほど。ところで、先程出てきた人身保護請求という手続きは、離婚前のケースではできないんですか？

離婚前は両親ともに親権を持っている状態ですので、人身保護請求は難しいことが多いんですよ

そうか、2人とも親権を持っているわけですものね。そうすると、離婚前は、監護権者の指定と子の引渡しの調停や審判を申立て、これと併せて保全処分を行うしかないということですね

原則的にはそうです。しかし、例外的に、子の引渡し審判や保全処分が出されても相手方がこれらに従わない場合や、お子さんにとって相手方の下では著しく健康が損なわれたり、満足な義務教育を受けることができないような場合には、離婚前であっても人身保護請求が認められます

確かにそのような状況なら、時間をかけて審判をやっている場合ではないですね

それから、子の連れ去りの場合には初動が極めて重要ですので、そのような場合には直ちに弁護士に相談するようにしてください

初動が大事ってどういうことですか？

先程の考慮要素の話と関係しますが、時間が経てば経つほど、相手方が監護の実績を作ってしまい不利になることが多いんですよ

なるほど

また、連れ去りが心配でしたら、別居中の幼稚園や保育園の送り迎え等はしっかりしておいた方が良いです。お迎え時に連れ去られるケースも多いようですので

分かりました。気を付けます

離婚時に妊娠中だった場合

ちなみに、妊娠中に離婚したら親権等はどうなるんでしょうか?

それは離婚した旦那さんのお子さんの場合ですか?

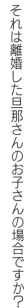

それでは、夫の子供である場合から教えてください

妊娠中に離婚しても、離婚後に生まれた子供は母親が単独の親権者になります

親権を争わなくていいのは良いですね

ただし、離婚してから３００日以内に生まれた子は元夫の子と推定されることになっているため、手続きをしないと元夫の戸籍に入ります

え、そうしたくないときはどうすればいいんですか

とりあえずは元夫の子として出生届を出し、あとの手続きは子供の氏の変更や入籍等（１４７ページ参照）と同様になります。その場合は、養育費も請求できますし、認知も特に必要ありません

なるほど。では、元夫の子供ではない場合はどうなるのでしょうか？

その場合は、元夫に嫡出《ちゃくしゅつ》否認《ひにん》を申立ててもらい、判決を受けたうえで出生届を出せば元夫の戸籍に入ることはありません。そして、本当の父親が認知届を役所に提出することで子供は認知されます

へー。元夫の子ではないのに元夫に協力してもらわないとならないのは面倒ですね

そうですね。もし妊娠した時期が離婚した日より後であることが明らかであれば、医師に「懐胎時期に関する証明書」を書いてもらい、出生届と併せて提出することで、元夫の戸籍に入ることを防ぐことも可能ですよ

【やってみよう!】親権が欲しいならこれからどうすればいいか書き出してみましょう

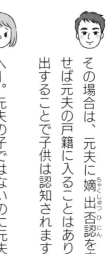

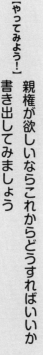

養育費はおいくら?

養育費とは何か

親は別居をしていても子供に自分と同程度の生活をさせる義務があります。そこで問題になってくるのが、子供を養育するためのお金、養育費です

養育するというと、ご飯を食べさせたりとかですか?

そうですね。食費や被服費、教育費、医療費、娯楽費等、子供が日々の生活を行うために必要なお金のことになります

たしか、養育費には、もう妻もしくは夫の生活費分は含まれないんですよね

そうです。ですから、当然ですが、子供がいても育てていなければ養育費は貰えません。離婚に際し**親権を得て、離婚後にお子さんと生活する人が、相手に請求するもの**です。なので、例えば、妻が子供と暮らすなら夫が払うし、夫が子供と暮らすなら妻が払うのが原則です

必ず妻が貰えるわけではないのですね。養育費はいくらくらいなんですか？

養育費も法的な決まりはありませんので、夫婦で話し合って合意できればいくらでも構いません。話し合いがまとまらずに調停になった場合は、婚姻費用と同様に算定表で決められることが多いです

これもお互いの収入と子供の数に応じて養育費の金額が決まるんですね

そうなんです。東京家裁のホームページに算定表が載っています。子供3人までの算定表が公開されているのですが、ここでは2人までの表を紹介しますね

養育費算定表（子１人／０～14歳）(8)

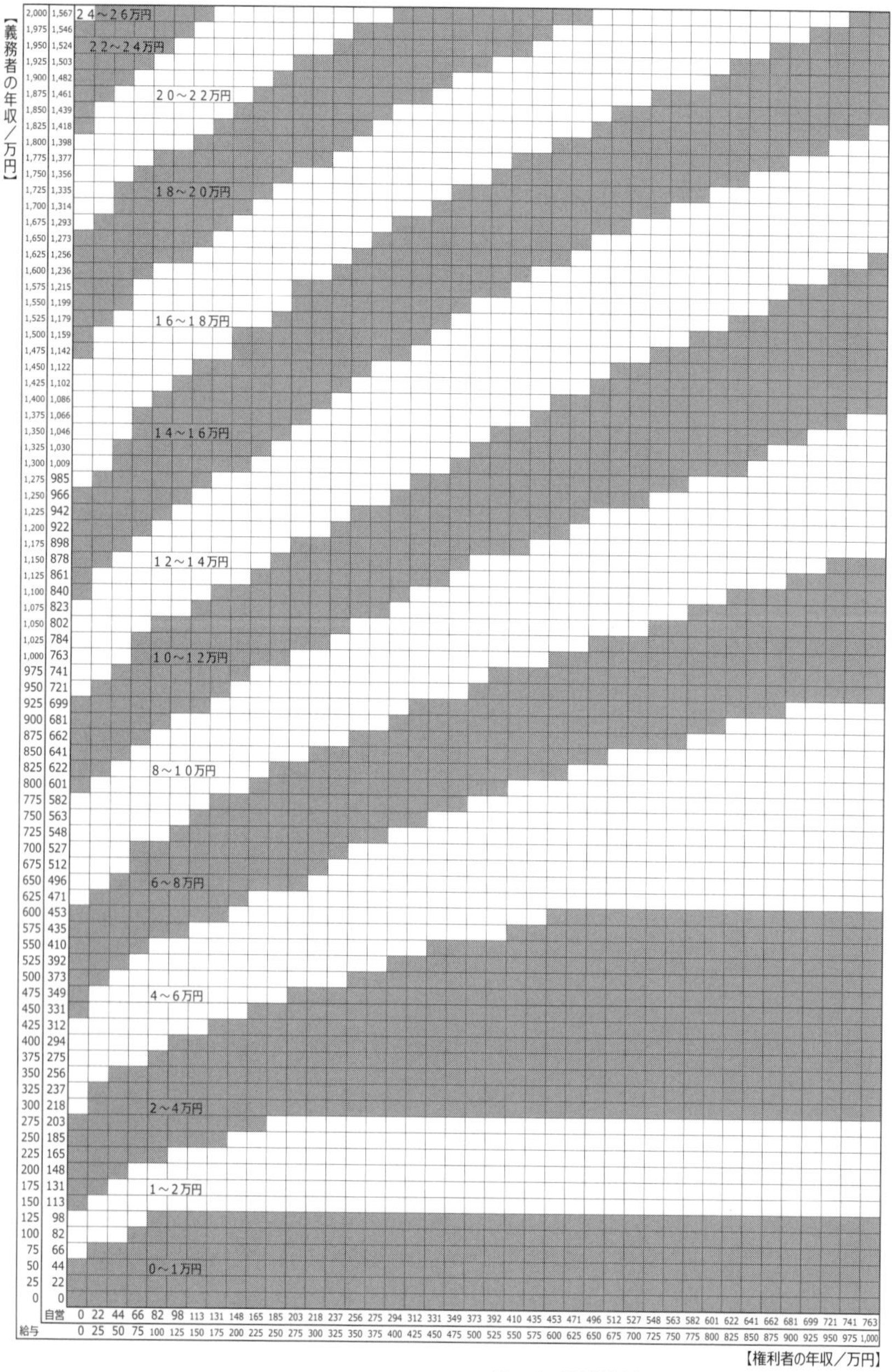

養育費算定表（子１人／15歳以上）(9)

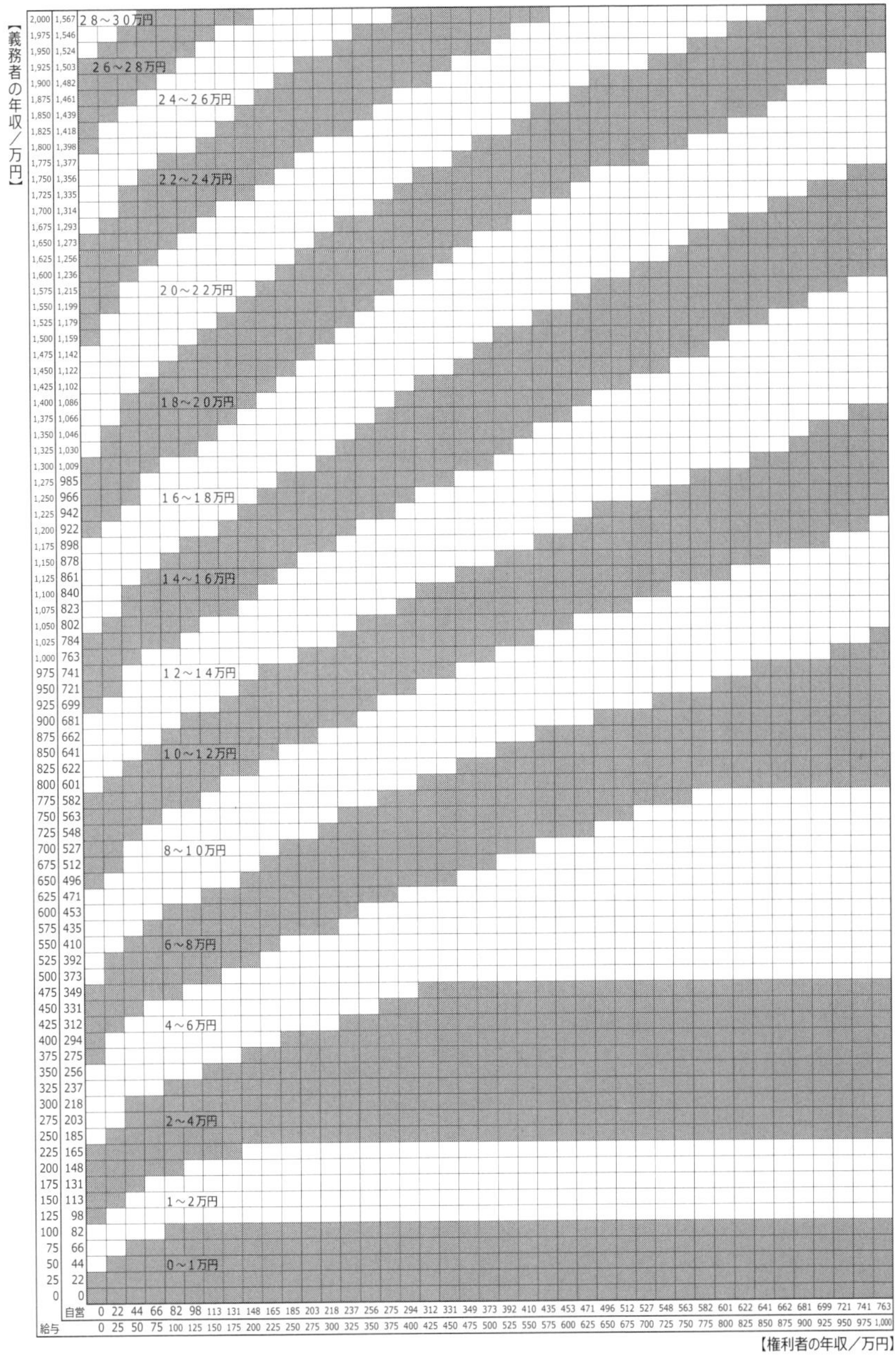

養育費算定表（子２人／２人とも０～14歳）(10)

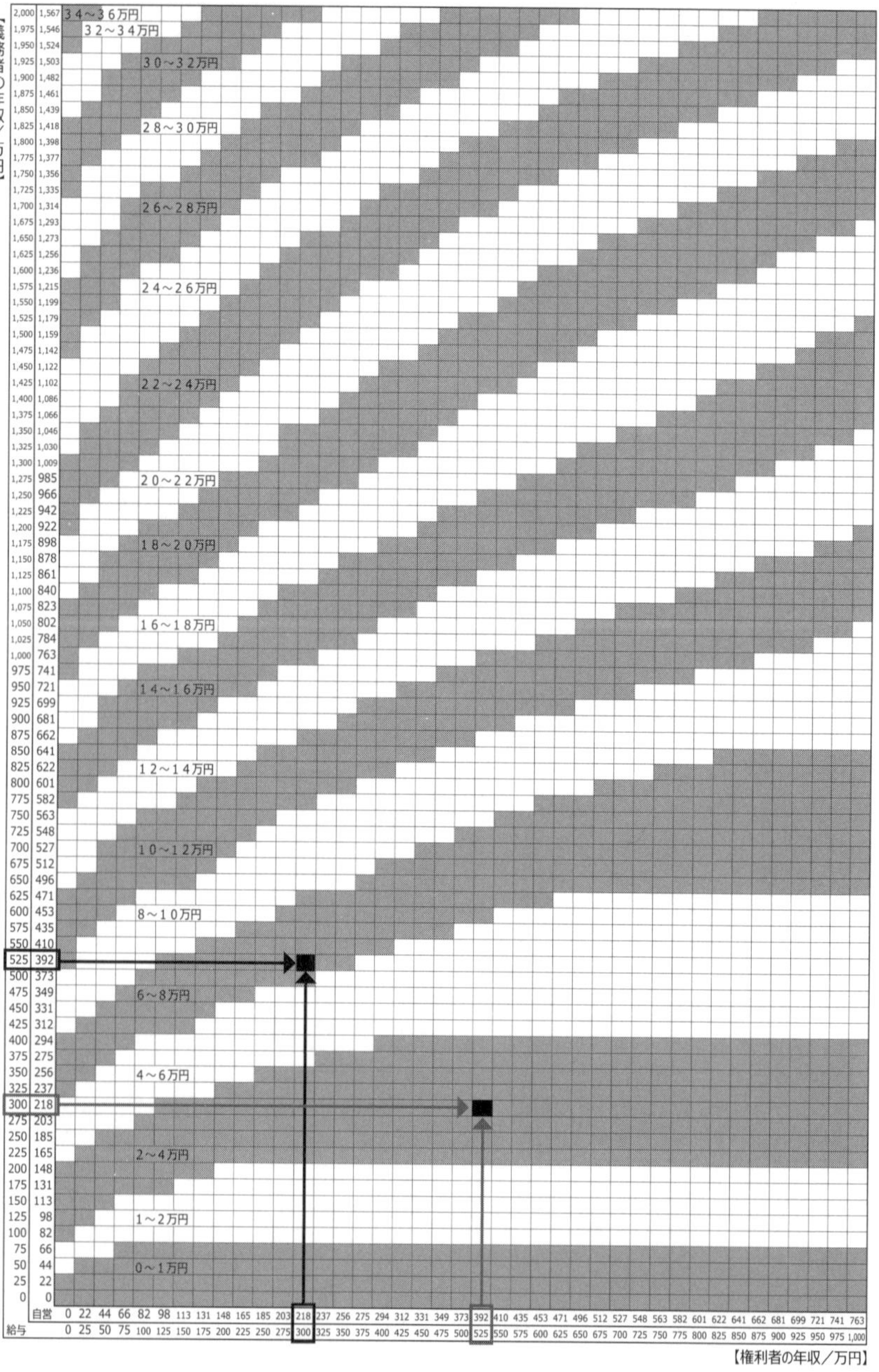

養育費算定表（子２人／第１子15歳以上、第２子０～14歳）(11)

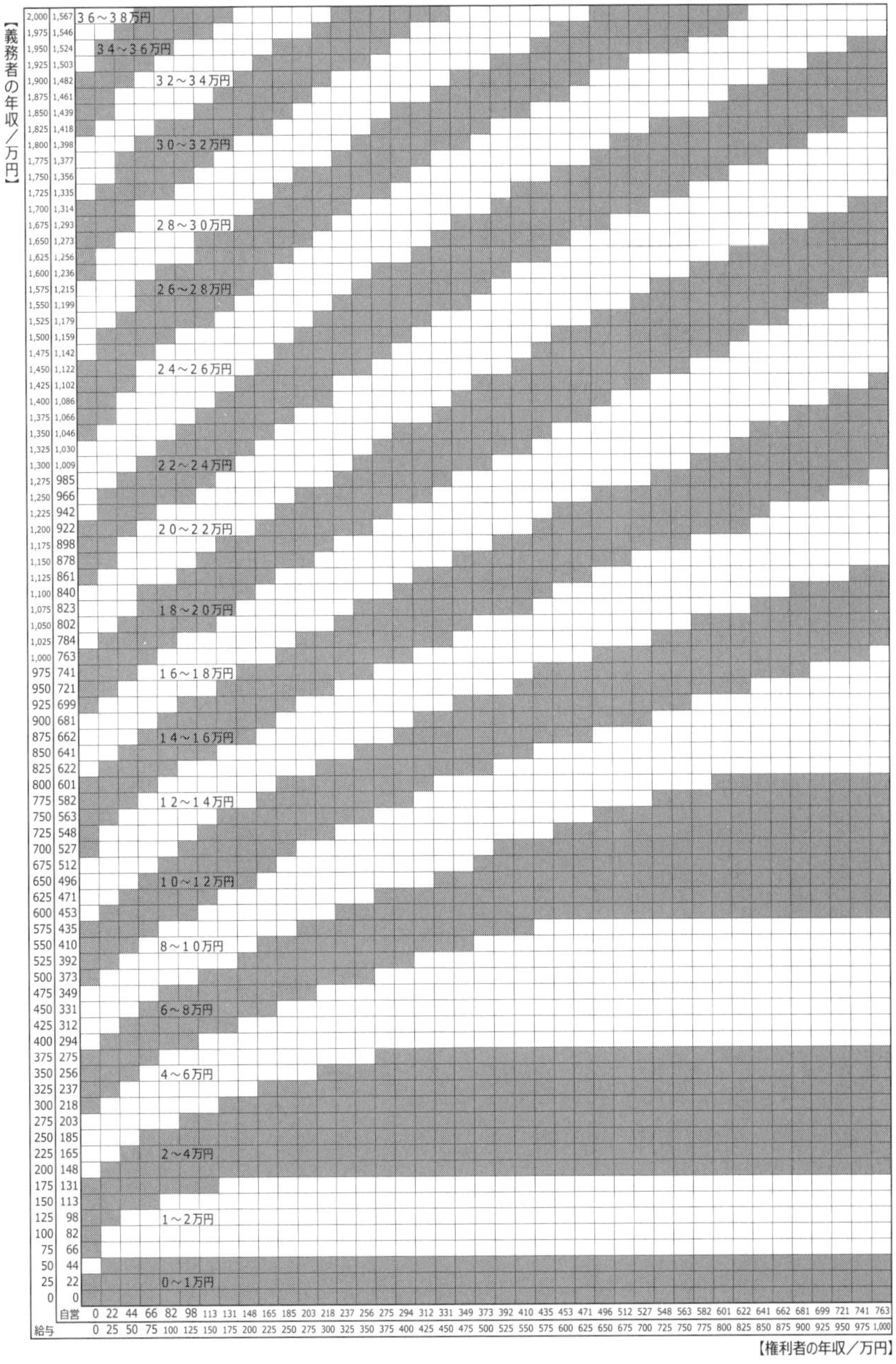

養育費算定表（子供２人／２人とも15歳以上）(12)

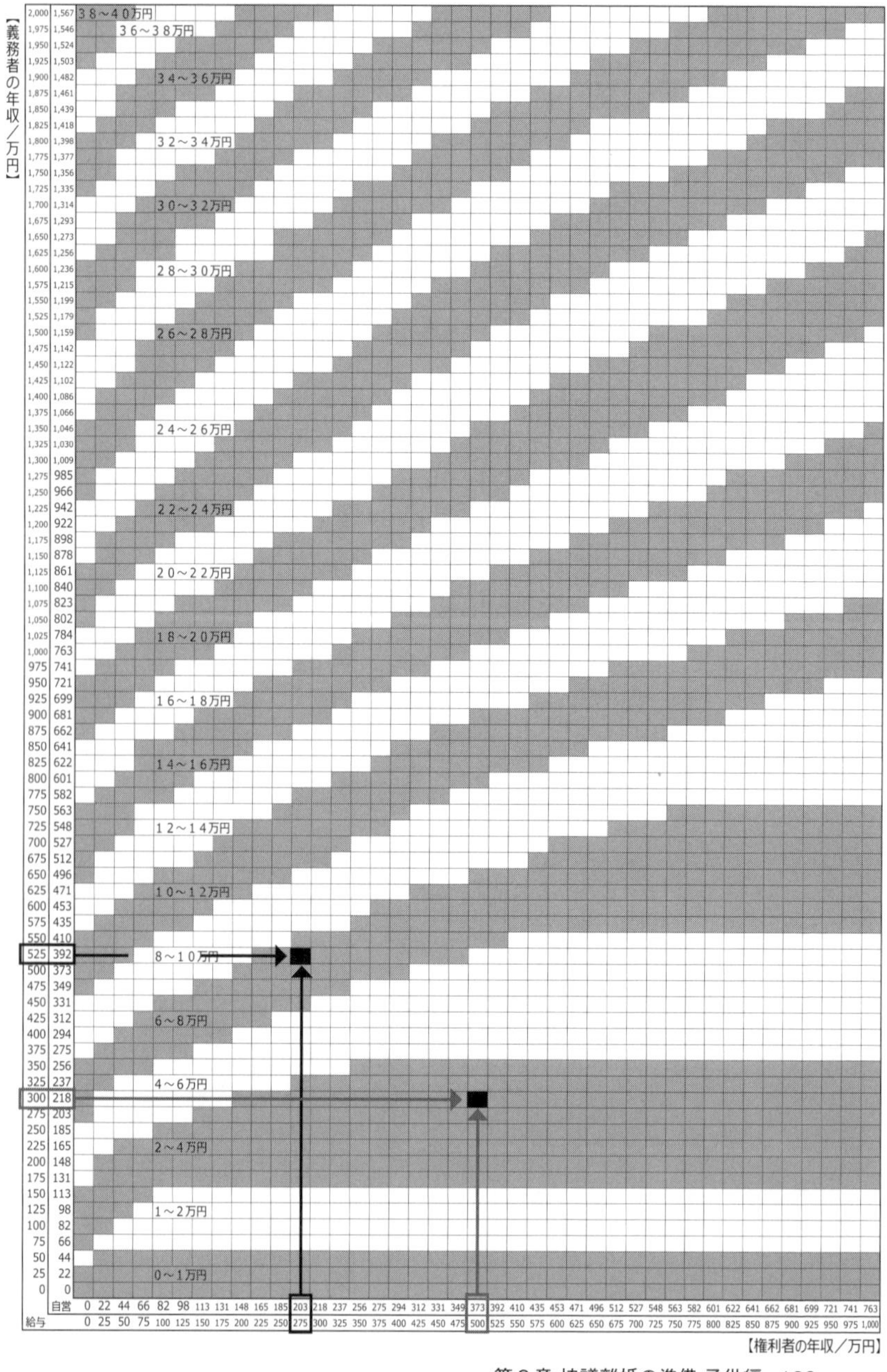

小池さんは1歳と5歳のお子さんがいて、小池さんの税込み年収が310万、旦那さんが515万円でしたね。ですので、子供が2人、0~14歳までのシート（126ページ）を見てください

使い方も婚姻費用のシートと同じですか？　縦軸が支払う側、横軸が貰う側の年収で、各々の数字から線を伸ばし、交わった点が養育費の金額……でしたよね？

その通りです。旦那さんが子供を育てる場合（↓）は、小池さんが2~4万円くらい旦那さんに払うことになります。反対に小池さん（妻）が育てる場合（↓）は、6~8万円貰うことになります

養育費も、子供の年齢によって金額が変わるんですね

子供が成長すると更にお金がかかりますからね。ただ、0~14歳で離婚して15歳以降になって取り決めをし直すことは多くない印象です。小池さんたちの年収では、2人とも15歳になっても金額は変わらないようですね。15歳以降の増額した養育費

を確実に払ってもらいたいのならば、当初の段階で15歳以降の金額を、公正証書等で定めておくことも1つの方法です

うちは増えないのかぁ、残念。でも、確かに少し増える場合もあるんですね。それにしても、これでは進学させるのは厳しそう……

そうですね。そのため、**「進学や病気等の特別な費用については別途協議する」といいうように決めておく**といいでしょう

なるほど、特別な費用は別途なんですね。ところで、養育費っていつまでもらえるんですか?

基本的に昔は20歳までが多かったのですが、現在は両親ともに大学を出ていることが多くなったので、**「大学卒業まで」**と決めることが多いですね

留年したり、浪人したりする可能性もありますものね。それにしても、食べ盛りの

中高生を2人育てるのっていくらくらいかかるんだろう……

少し古いデータですが、中学3年生の子育て費用は1か月で約13万4000円ですね。学校養育費（学費等）と学校外養育費（塾代等）を引いたとしても約8万4000円。これが2人分だから1か月あたり、約16万8000円くらいでしょうか[13]

そうすると、うちの場合は上限の8万円貰っても、半分にも足りないし、学費分の上乗せがないと、なお苦しいじゃないですか！

算定表は、2019年に16年ぶりに改定し、多くのケースではこれまでよりも1、2万円の増額となったのですが、少ないと感じる場合もあると思います。日弁連が提言している算定表の方が金額が高いので、そちらで交渉してみるのも手です

「日弁連　算定表[14]」で検索するとすぐ出てきました。うちの場合は10万円になるみたいです！　断然こちらが良いですね

裁判実務では難しいのですが、協議離婚ならば日弁連の算定表で応じてもらえれば儲けものなので、まずはこちらで交渉してみてもいいかもしれませんね

確実に養育費を貰うために

養育費は途中で払われなくなると聞くのですが、これを防ぐ方法ってありますか？

養育費の不払いを防ぐためには、相手を可能な限りお子さんと会わせて、**なにかしてあげたいという気持ちにさせることが大事**です。払われなくなったものを再度払わせるよりも、払い続けさせた方が手間も少ないですし

親であるという実感を持ち続けてもらうことが大切なんですね

ただ残念ながら、会わせていても不払いになることもあります。そういう場合には、裁判所の手続きを通じて強制的に回収していくことが必要になるでしょう

そのために準備をしておいた方が良いことってありますか？

養育費の定め方が重要です。公正証書を作っておけば強制執行もできます。ですから、協議離婚なら、**養育費だけではなく財産分与、慰謝料等、離婚時に決めた金銭にまつわることは全て、公正証書にしておく**とその後の対応が楽になるでしょう

公正証書！　年金分割の時にも出てきましたね。結局どんな事ができるんですか？
「強制執行」も、どんなことをするんですか？

「公正証書」は公証役場に行って公証人に作ってもらう証書のことです。これがあれば、金銭の支払いが滞ったときは、通常必要な裁判手続きを経ることなく、裁判所に相手の財産に対する差し押さえを申立てることができます

申立てるとどうなるんですか？

例えば、給与差し押さえなら、裁判所が申立てに応じて、相手の会社と相手方本人

に差押命令を送り、会社からあなたに直接それを払ってもらうこと、つまり「強制執行」ができます

なんだかすごそうですね。そういう便利なものって他にもありますか？

離婚調停で離婚成立した場合は**「調停《ちょうてい》調書《ちょうしょ》」**をつくるので、養育費も決めてあれば、それに基づいて家庭裁判所の履行勧告《りこうかんこく》、履行命令《りこうめいれい》、強制執行が受けられます

履行勧告とは……？

履行勧告は、裁判所が相手に「払ってください」と勧めてくれることです。履行命令の場合は従わないと過料《かりょう》が科されます。裁判所に電話をかけて「履行勧告」をしてほしい等と伝えるだけで、無料で利用できるので非常に使い勝手がいいです

履行勧告と強制執行は何が違うんですか？

履行勧告は裁判所が「～してください」と促すだけで強制力がありません。それに対して、強制執行は給与や預貯金を強制的に差し押さえることができるので、養育費を貰える可能性は高まります

それなら最初から強制執行した方が良いんじゃないですか？

履行勧告は費用がかからず、添付資料や申出書も必要ないのでお手軽なんですよ。強制執行は「債権差押命令申立書」等の書類を記載したり、費用として収入印紙代と郵便切手代を併せて数千円かかる等、手間がかかりますからね

養育費の減額・増額について

ちなみに、養育費は途中で増やしてもらうこともできるんですか？

その時点での収入によった適切な金額を改めて決めることは可能です。協議離婚なら再び話し合いで、審判や調停でしたら、再度調停にかければ適切な数字を出して

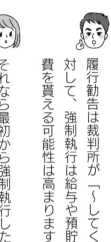

もらえます。ただ、実際は減らしてほしいと交渉されることの方が多いですね

なんと、減る可能性もあるのですね。どんな時に減るんでしょうか？

養育費の金額は、支払う側と貰う側の収入及び子供の人数と年齢で決まりますので、**支払う側の収入が減ったり、再婚して扶養家族が増えた時、逆に貰う側の収入が増えたとき**等に、支払う側が減額請求を申立てると減る可能性があります

貰う側が再婚した場合も減るんでしょうか？

その場合は基本的には変わりません。奥さんが子連れで再婚しても、元の旦那さんの子であることは変わりませんので。ただし、新しい旦那さんとお子さんが養子縁組をしたような場合は、影響があると考えられます

【やってみよう！】養育費を算定表で確認してみましょう

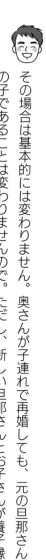

面会交流権はどうすればいいの？

面会交流権とは何か

ところで、親権があろうとなかろうと、親であることには変わりありませんので、親権がない親であっても、子供は面会交流する権利があります

面会交流……？

文字通り、子供と離れて暮らす側の親が子供と会うことです

ああ、養育費の時に子供と会わせるべきって仰っていた件ですね！　でも正直、夫と会わせるのは嫌です。私も離婚したらできるだけ会いたくないし……

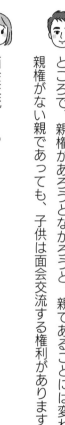

小池さんは嫌なら旦那さんに会わなくても大丈夫ですが、お子さんと旦那さんの面会の機会は設けた方がいいですよ。**面会交流は、親がお子さんと会う権利であり、お子さんが親に会う権利でもある**んです。お子さんだって、ある程度大きくなっていれば覚えているものですから、お父さんには会いたいものではないでしょうか

そうだとしても、気がのりません

お気持ちは分かります。でも、どうしても離婚になるとお子さんにも影響があるので、影響をできるだけ抑えるためにも面会交流はした方が良いとされています。進学等を考えた時も、関係性が築けていれば援助してもらえる可能性もありますし

なるほど。面会交流は、子供の精神面にも金銭面にもメリットもあるんですね

あと、小池さんに何かあった場合にも、子供が父親を頼れるようにしておいてあげた方が良いのではないでしょうか。子供を愛する人は多いに越したことないですよ

……それは確かに。子供にとって何がいいのかを考えなければいけないですよね

そうですね。お子さんがどうしても嫌だと言ったり、相手が暴力をふるう等、どうしてもできない理由がない限りは面会はする方向で考えてください。面会交流の機会を設けると約束することで、相手が親権を譲歩してくれる可能性もありますよ

面会交流の決め方

分かりました。面会交流の機会は設ける方向で考えようと思います。それで、面会交流についてはどういうことを決めておけばいいんでしょうか?

よくあるのは、**「月に1回程度会う、詳細については別途協議する」**、くらいで終わらせてしまうことです

あまり詳しく決めておかなくてもいいものなのですね

そうですね、面会交流は子供が成人するまで続くものですから、離婚の段階で細かく決めても後々変えなければならなくなるので

一般的には面会交流の頻度ってどれくらいなんですか？

私の感覚からすると月1回程度ですね。東京家裁の離婚事件の統計的分析によると、離婚後親権者でない親と子の面接の調停条項は、月1回程度が20％、回数を定めないのが50％だそうです[15]

なるほど。会わせるのはだいたい何時間とかあるんでしょうか？

よくあるのは日中数時間というものです。最初からしっかり話ができるのでしたら、月2回会うことにして、1回は日中、1回は泊り、としてもいいかもしれません。ただ、最初からそこまで決めずに、面会交流を積み重ねて、慣れてきたら、会う時間を延ばしていく、という場合の方が多いですね

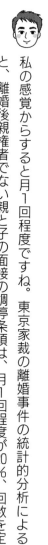

分かりました。面会交流についても公正証書に残しておいた方が良いんですか？

公正証書はお金の問題に関しては強い効力がありますが、お金の問題以外は書いてあったとしても、通常の合意書と同じ効力しかありません。ですから、他の金銭問題について公正証書を作らないのであれば、敢《あ》えて面会交流について公正証書にする必要はありません

面会交流をしないとどうなるのか？

ちなみに、途中で止めたくなったら、面会交流って拒めるんでしょうか？

面会交流は基本的に子供の権利でもあるので、特別な事情がない限り親は拒否はできません。ただ、相手が子供の福祉に叶わない行動、例えば暴力をふるったり、不相応な場所に連れて行ったりする等があれば、拒否できる可能性はあります

拒否したら何か罰則とかあるんですか？

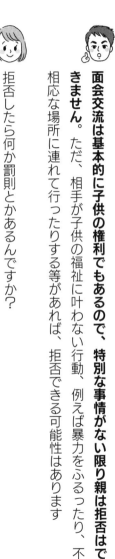

親御さん同士で話し合いがつかないのであれば、お子さんと別に住んでいる親御さんは、裁判所に面会交流の調停もしくは審判を申立てることはできます

それでも会わせないと？

最終的な一番強い裁判所の命令なんかですと**「間接強制《かんせつきょうせい》」**を命じられることがあります。裁判所が一定頻度の面接交渉を認めるという審判を出したのに、それに従わない場合には、「1回あたりいくら払え」とお金で強制させるんです

なるほど。それはいくらくらいなんでしょうか？

相場は3～10万円くらいとされていますが、養育費より少し高い程度の金額になることが多いですね

本来であれば貰えるはずの金額を払わなければならなくなるのは、確かに結構な負

担になりそうですね

そうですね。それに、正当な理由なく面会交流を拒否していると、相手から親権者変更の申立てをされる可能性もあります。面会交流の拒否だけが理由で親権が変更されることはあまりないと思いますが、その他の理由も積み重なって変更に至った裁判例もあります

親権変更は困ります……。でも、子供が会いたくないと言ったら、それは考慮されるんですよね?

小さい子供は、一緒に住んでいる親御さんの影響を受けるので、子供が会いたいと思っていたとしても、親の気持ちを汲《く》んで言えない場合もあります。裁判所はそのように判断することも多いので、かならず考慮されるとは言い難いです

そうなんですか……。そうなると、やっぱり後から無理が出ないように、かなり緩めの条件で約束しておいた方が良さそうですね

そうですね、月1度短時間等、厳しくない要件にしておいた方がいいでしょうね

ちなみに、相手が養育費を払っていなくても面会交流はするんですか?

面会交流と養育費は別の話なので、養育費を払っていないからといって、面会交流を拒むことはできません。ただ、養育費を貰う側は、どうしてお金も払わないのに会いたがるんだと思うものですよね

自分の希望ばかり通そうとする態度だと子供と会わせたくなくなりますよね

そうですね。ですから、別居している親御さんは、可能であれば、面会交流ができない時期は手紙等を送って子供との関係を維持し、面会交流の土壌を作っていくことも大事ですね。そういうものがなければ、子供自身も会いたがらないでしょう。誕生日やクリスマスにプレゼントが送られてきたら子供も嬉しいでしょうし

支援団体の使用も1つの手

子供と夫を会わせて、子供を返してもらえなくなることはないのでしょうか

もし具体的に不安があるのでしたら、有料ですが面会交流の支援団体があるので、間に入ってもらうといいと思います。面会の場所を提供してくれたり、面会に付き添ってくれて慣れたら外でも会えるように促してくれたり、親同士が会わなくても済むように子供の受け渡しをしてくれる等の支援を行ってくれるんですよ

第三者が見張っていてくれるなら、まだ安心して子供と会わせることができますね

私が時々使うのは、家庭問題情報センター、FPICという団体です。このような団体はいくつかあるので、ご自分に合いそうなところを探してみるといいですね

【やってみよう!】面会交流はどれくらいならできそうか考えてみましょう

ＦＰＩＣの面会交流援助手続きの流れ

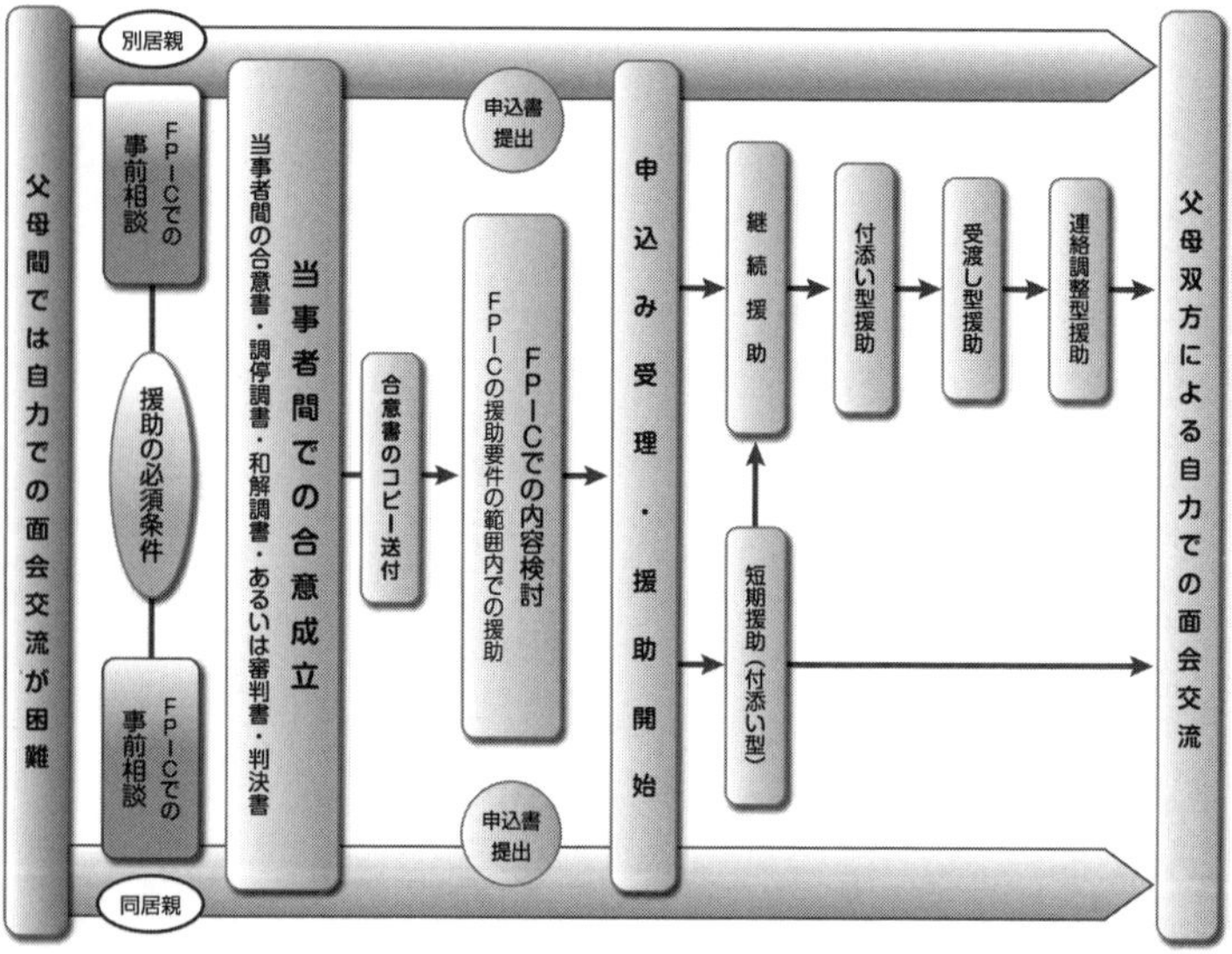

FPICの面会交流援助を利用したい父母への指針

面会交流ルール（調停条項等）を決めるときには、相手方、家庭裁判所、弁護士等と協議して次のことを明文化してください。

① 面会交流の頻度、回数

付添い及び受渡しの援助は、月１回が限度です。

② 第三者機関の援助の有無及び付添の有無

事前相談なしに第三者機関の援助を条項に盛り込んだ場合には、援助できるとは限りません。

付添い型援助の場合は必ず条項に明記してください。

③ 援助担当者の指導・助言の受入れ意思

父母の意見調整が難しいときには、援助者の判断に従っていただきます。

④ 費用負担割合

父母で話し合って決めてください。

面会交流は離婚後の父母の協働養育活動ですから、事情が許せば費用は応分に分担し合うのが望ましいと考えています。

面会交流の援助（PDFファイル）より
（FPICホームページ:http://www1.odn.ne.jp/fpic/index.html）

氏はどうなるの？

離婚後の氏をどうするか

子供もまだ就学前ですし、私は仕事も旧姓でしているので、離婚したら名字を戻そうと思っています。その場合、子供の名字も変えられるものなのでしょうか？

名字は正式には「氏《うじ》」といいます。氏の問題は戸籍と絡んでくるため結構ややこしいので、まずは一般的な離婚した女性の氏と戸籍の問題から順を追って話していきましょう。結婚すると新しい戸籍が作られるのですが、一番多いパターンは旦那さんを筆頭者として新しい戸籍を作ることなので、この状況を前提にお話しします

よろしくお願いします！

まず、離婚すると原則、結婚にあたって氏を変えた人、多くの場合は妻ですが、その人は元の氏に戻ります。ただ、結婚していた時に名乗っていた氏が広く知れ渡っているケースも多いので、氏を戻すと不利益を被る場合もありますよね

婚姻中の氏に変えて働いている人もいますものね。あとはママ友関係でも氏が変わると混乱を生みそうですね

そうですね。そのため、**離婚後3か月以内に申し出をすれば、婚姻中に名乗っていた氏を選ぶこともできる**んです。たとえ元旦那さんが元の氏に戻すようにと言ったとしても、どうするかはご自分で決めて構いません

なるほど。選択肢があるのはいいことですね

ただし、婚姻中の氏を名乗る場合には、**「離婚の際に称していた氏を称する届」**を役所に出す必要があります。これは離婚届提出後でも出すことはできますが、離婚届を出すのと同時に出した方が手続きが楽なので、一緒に出すのがお勧めです

離婚の際に称していた氏を称する届の書き方

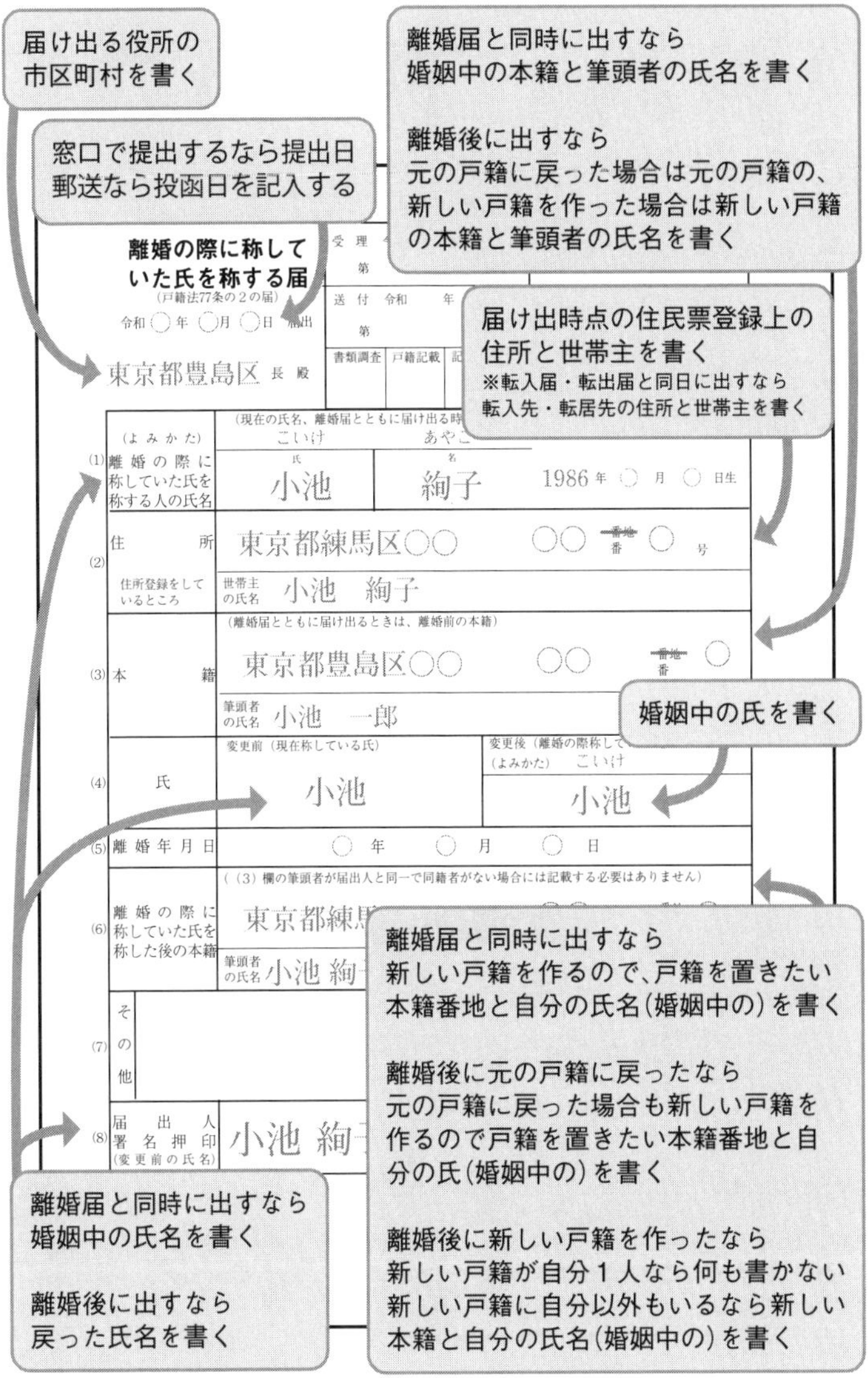

届け出る役所の市区町村を書く
窓口で提出するなら提出日
郵送なら投函日を記入する
離婚届と同時に出すなら
婚姻中の本籍と筆頭者の氏名を書く
離婚後に出すなら
元の戸籍に戻った場合は元の戸籍の、
新しい戸籍を作った場合は新しい戸籍の本籍と筆頭者の氏名を書く
届け出時点の住民票登録上の住所と世帯主を書く
※転入届・転出届と同日に出すなら
転入先・転居先の住所と世帯主を書く
婚姻中の氏を書く
離婚届と同時に出すなら
新しい戸籍を作るので、戸籍を置きたい本籍番地と自分の氏名（婚姻中の）を書く
離婚後に元の戸籍に戻ったなら
元の戸籍に戻った場合も新しい戸籍を作るので戸籍を置きたい本籍番地と自分の氏（婚姻中の）を書く
離婚後に新しい戸籍を作ったなら
新しい戸籍が自分１人なら何も書かない
新しい戸籍に自分以外もいるなら新しい本籍と自分の氏名（婚姻中の）を書く
離婚届と同時に出すなら
婚姻中の氏名を書く
離婚後に出すなら
戻った氏名を書く
離婚の際に称していた氏を称する届
（戸籍法77条の２の届）
令和　年　月　日 届出
東京都豊島区 長 殿
受理
第
送付 令和 年
第
書類調査 戸籍記載 記
(1) (よみかた) 離婚の際に称していた氏を称する人の氏名
(現在の氏名、離婚届とともに届け出る時
こいけ あやこ
氏 小池 名 絢子 1986年 月 日生
(2) 住所 東京都練馬区○○ ○○ 番地 番 ○ 号
住所登録をしているところ 世帯主の氏名 小池 絢子
(3) 本籍 (離婚届とともに届け出るときは、離婚前の本籍)
東京都豊島区○○ ○○ 番地 番 ○
筆頭者の氏名 小池 一郎
(4) 氏 変更前（現在称している氏） 小池
変更後（離婚の際称して (よみかた) こいけ
小池
(5) 離婚年月日 年 月 日
(6) 離婚の際に称していた氏を称した後の本籍
（(3) 欄の筆頭者が届出人と同一で同籍者がない場合には記載する必要はありません）
東京都練馬
筆頭者の氏名 小池 絢子
(7) その他
(8) 届出人署名押印（変更前の氏名） 小池 絢子

離婚後の戸籍の話

それで、ここからが戸籍の話になります

戸籍というと、離婚するとバツって書かれるやつですか？

今は電子データになっているため、離婚と書かれる程度で、バツを付けられることは無くなったんですよ

へー、その方がいいですね

見てください。これが離婚届（全体は214ページ参照）です。「婚姻前の氏にもどる者の本籍」と書かれていますよね

離婚届の一部分

(2)	本　籍（外国人のときは国籍だけを書いてください）	番地 番 筆頭者の氏名			
	父母の氏名 父母との続き柄（他の養父母はその他の欄に書いてください）	夫の父 母	続き柄 男	妻の父 母	続
	離婚の種別	□協議離婚 □調停　年　月　日　成立 □審判　年　月　日　確定		□和解　年　月　日 □請求の認諾　年　月　日 □判決　年　月　日	
	婚姻前の氏にもどる者の本籍	□夫　は　□もとの戸籍にもどる □妻　　　□新しい戸籍をつくる 番地 番　筆頭者の氏名			

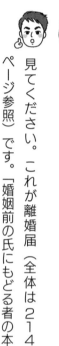

ありますね

これは、結婚にあたって氏を変更した人は元の戸籍から出て婚姻中の戸籍に入っていたわけですが、離婚すると婚姻中の戸籍から外れ、基本的には元の戸籍に戻ることになるからです。ただ、自分で新しい戸籍を作ることを選ぶこともできます

150ページの離婚届の囲みを見てください。ほら、チェック覧がありますね

ここにチェックすればいいんですね。婚姻中の氏を使い続ける場合も、元の戸籍に戻るか新しく作るか選べるんですか？

その場合は、元の戸籍と氏が異なるので、戻ることはできません。あと、ご両親が亡くなっている場合も、戸籍はなくなってしまっているので戻れません。以上が離婚した女性の氏と戸籍の流れです

離婚後の子供の氏と戸籍の話

そして、お子さんの戸籍と氏は基本的には何もしなければ、元の戸籍のままで氏も変わりません

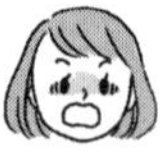

親権をとっても変わらないんですか？

親権と子の氏は連動しているわけではないので、親権者が母親になっても、何もしなければ子供は父親の氏と戸籍のままです。そのため、**母親と子供の氏を同じにしたいならば、手続きが必要になります**

また手続きですか、多くて嫌だなあ

氏を変えるとなると結構やることが多いですよね。子供の氏を変えるためには、離婚届提出後に、裁判所に子の代理人として「子の氏の変更許可の申立て」をします。これが認められた後に氏が変わり、役所に、子の母の氏を称し、母の戸籍に入籍する旨の「入籍届」を出すことにより、お子さんがお母さんの戸籍に入ります

えー、大変そう……。うーん、もう夫の氏のままでもいいかな。そうしたら、氏の変更申立て等はしなくて済むんですよね？

お子さんの戸籍が旦那さんのところに入ったままでも良ければ、変更許可の申立ては必要ありません

え、「戸籍が夫のところに入ったままでも」ということは、子供を自分の戸籍に入れるためには、氏を変えなくても、氏の変更申立てが必要なんですか？

子の氏の変更許可申立書の書き方

子供の現在の氏を書く

移動先の戸籍の氏を書く
※現在の氏と一緒でも記入する

申　立　て　の　趣　旨
※ 申立人の氏（　小池　）を　①母　2 父　3 父母　の氏（　小池　）に変更することの許可を求める。

（注）　※の部分は，当てはまる番号を○で囲み，（　）内に具体的に記入してください。

申　立　て　の　理　由	
父・母と氏を異にする理由	
※ ①父母の離婚 2 父・母の婚姻 3 父・母の養子縁組 4 父・母の養子離縁	5 父の認知 6 父(母)死亡後，母(父)の復氏 7 その他（　　）
（その年月日　平成・令和　年　月　日）	
申　立　て　の　動　機	
※ ①母との同居生活上の支障 2 父との同居生活上の支障 3 入園・入学 4 就職	5 結婚 6 その他（　　）

（注）　太枠の中だけ記入してください。　※の部分は，当てはまる番号を○で囲み，父・母と氏を異にする理由の7，申立ての動機の6を選んだ場合には，（　　）内に具体的に記入してください。

離婚が原因なら1に○をつける

母親と暮らすために氏を変えるのであれば1に、父親と暮らすために氏を変えるのであれば2に、○をつける

子の氏（2/2）

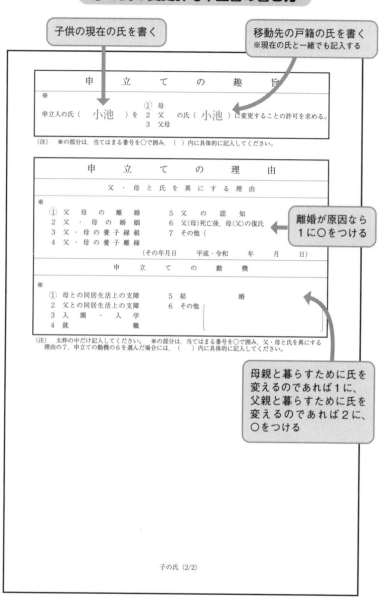

子供の住所地を管轄する家庭裁判所名を書く

書類を作成した日付を書く

子の氏の変更許可申立書

（この欄に申立人１人について収入印紙 800 円分を貼ってください。）

収入印紙	円	
予納郵便切手	円	

子供が 15 歳未満なら自分の、15歳以上なら子供の名前を書く
※子供が15歳未満なら自分の名前の上に「法定代理人」とつける

準口頭		関連事件番号　平成・令和　　年（家　）第　　　号

東京　家庭裁判所 御中 令和 ○ 年 ○ 月 ○ 日	申立人 （１５歳未満の場合は法定代理人） の記名押印	法定代理人 小池　絢子　（印）

添付書類	（同じ書類は１通で足ります。審理のために必要な場合は，追加書類の提出をお願いすることがあります。） ☑ 申立人(子)の戸籍謄本(全部事項証明書)　☑ 父・母の戸籍謄本(全部事項証明書) □

子供の現住所を書く

申立人（子）	本籍	東京 都道府県　豊島区○○　○○番○号	
	住所	〒○○○－○○○○ 東京都練馬区○○	
	フリガナ 氏名	小池太郎《コイケタロウ》	昭和・平成・令和 ○ 年 ○ 月 ○ 日生 （ 5 歳）
	本籍 住所	※　上記申立人と同じ	
	フリガナ 氏名	小池花子《コイケハナコ》	昭和・平成・令和 ○ 年 ○ 月 ○ 日生 （ 1 歳）
	本籍 住所	※　上記申立人と同じ	
	フリガナ 氏名		昭和・平成・令和　年　月　日生 （　歳）
☆法定代理人（父・母・後見人）	本籍	東京 都道府県　練馬区○○　○○番○号	
	住所	〒○○○－○○○○　電話 ○○○（○○○○）○○○○ 東京都練馬区○○　○○番○号（　　方）	
	フリガナ 氏名	小池《コイケ》　絢子《アヤコ》	フリガナ 氏名

（注）　太枠の中だけ記入してください。　※の部分は，各申立人の本籍及び住所が異なる場合はそれぞれ記入してください。　☆の部分は，申立人が１５歳未満の場合に記入してください。

子の氏（1/2）

(942010)

子供が 15 歳以上なら空欄に、子供が 15 歳未満なら自分の情報を書く

子の母の氏を称し、母の戸籍に入籍する旨の入籍届の書き方

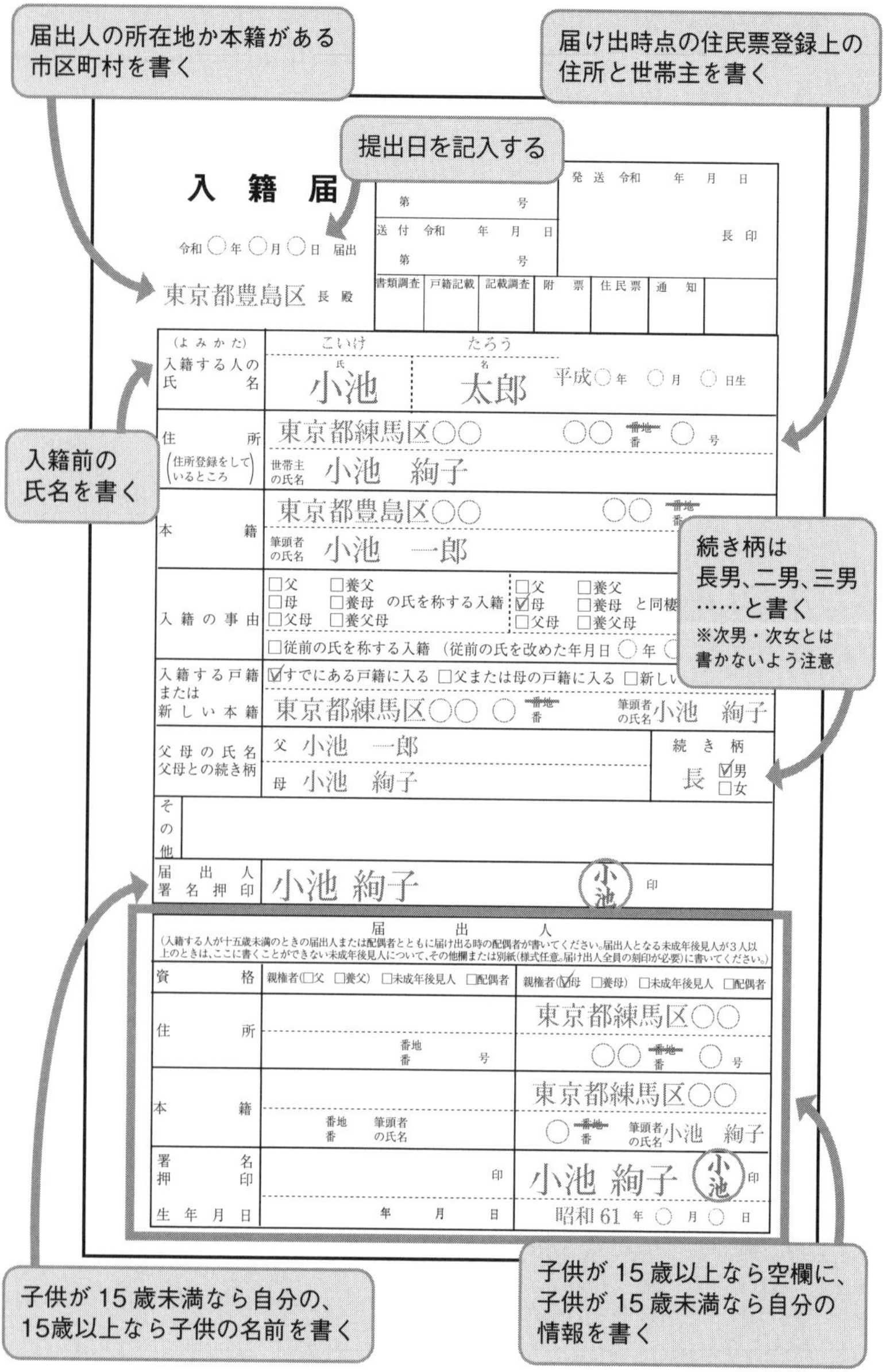
届出人の所在地か本籍がある市区町村を書く
届け出時点の住民票登録上の住所と世帯主を書く
提出日を記入する
入籍前の氏名を書く
続き柄は長男、二男、三男……と書く
※次男・次女とは書かないよう注意
子供が15歳未満なら自分の、15歳以上なら子供の名前を書く
子供が15歳以上なら空欄に、子供が15歳未満なら自分の情報を書く
入 籍 届
令和◯年◯月◯日 届出
東京都豊島区 長 殿
発送 令和 年 月 日
第 号
送付 令和 年 月 日
第 号
長印
書類調査 戸籍記載 記載調査 附票 住民票 通知
(よみかた) こいけ たろう
入籍する人の氏名 氏 小池 名 太郎 平成◯年◯月◯日生
住所(住所登録をしているところ) 東京都練馬区◯◯ ◯◯番地 番 ◯号
世帯主の氏名 小池 絢子
本籍 東京都豊島区◯◯ ◯◯番地 番
筆頭者の氏名 小池 一郎
入籍の事由 □父 □養父 □母 □養母 □父母 □養父母 の氏を称する入籍 □父 □養父 ☑母 □養母 □父母 □養父母 と同籍
□従前の氏を称する入籍(従前の氏を改めた年月日 ◯年
入籍する戸籍または新しい本籍 ☑すでにある戸籍に入る □父または母の戸籍に入る □新しい
東京都練馬区◯◯ ◯番地 番 筆頭者の氏名 小池 絢子
父母の氏名 父母との続き柄 父 小池 一郎 母 小池 絢子
続き柄 長 ☑男 □女
その他
届出人署名押印 小池 絢子 印
届出人
(入籍する人が十五歳未満のときの届出人または配偶者とともに届け出る時の配偶者が書いてください。届出人となる未成年後見人が3人以上のときは、ここに書くことができない未成年後見人について、その他欄または別紙(様式任意。届け出人全員の契印が必要)に書いてください。)
資格 親権者(□父 □養父) □未成年後見人 □配偶者 / 親権者(☑母 □養母) □未成年後見人 □配偶者
住所 番地 番 号 / 東京都練馬区◯◯ ◯◯番地 番 ◯号
本籍 番地 番 筆頭者の氏名 / 東京都練馬区◯◯ ◯番地 番 筆頭者の氏名 小池 絢子
署名押印 印 / 小池 絢子 印
生年月日 年 月 日 / 昭和61年◯月◯日

はい、氏が異なると同じ戸籍には入れないのですが、例え同じ小池さん同士でも、異なる小池なので、同じ戸籍に入るためには氏の変更手続きが必要となるんです

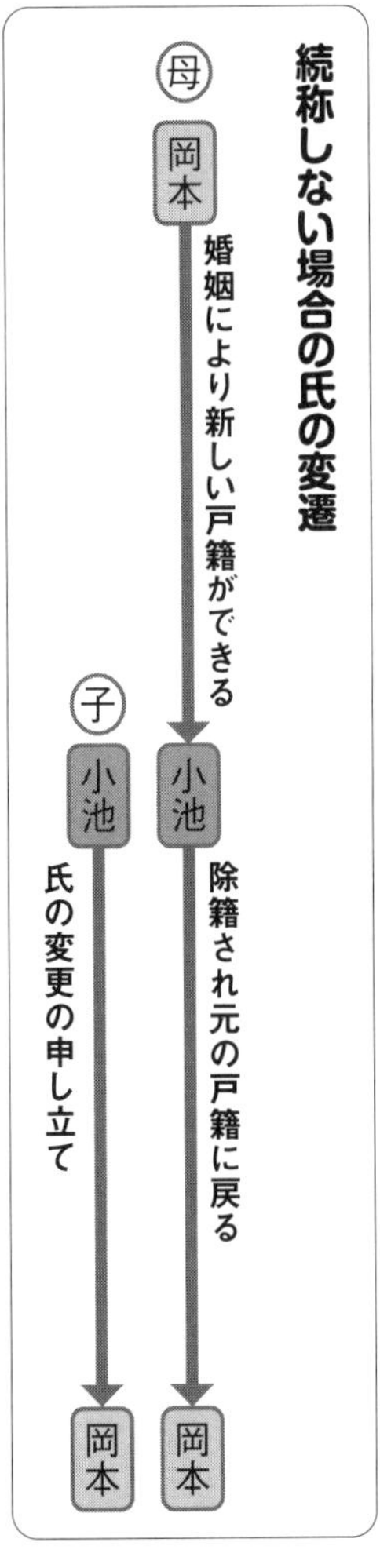

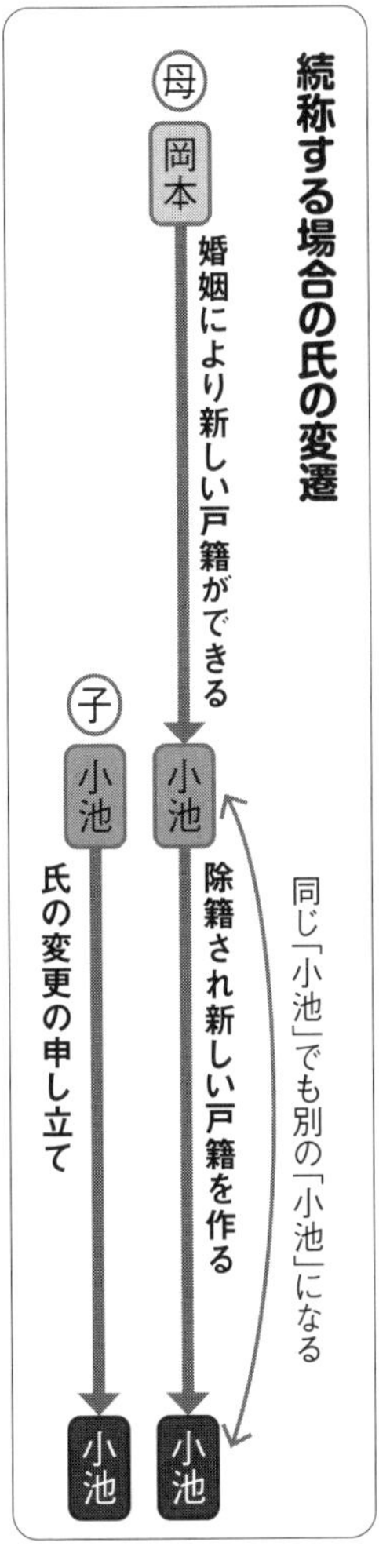

結局、親権をとった**母親が子供を自分の戸籍に入れるためには、「子の氏の変更許**

可の申立て→入籍届」が絶対に必要になるんですね。それならやっぱり子供も一緒に旧姓にした方が便利そう……

あと、注意していただきたいのは、旧姓にする場合でも、お子さんと同じ戸籍にするなら、自動的に新しい戸籍になるということです

え、何でですか？

戸籍は2世代までと決まっているからです

複雑ですね。……戸籍ってそもそも、そんなに重要なんでしょうか？　戸籍は夫のところのままでも問題ない気がしてきました……

そうですね、母親が婚姻中の氏を続称するのであれば、氏も一緒なのであまり事実上のデメリットはないと思います。ただ、子が大きくなった際に戸籍が父親のところにあるとややこしいことになる可能性がありますね

子供が気にしたりするということですか？

何かの拍子に戸籍を見てモヤモヤするかもしれません。あと、同じ戸籍なら謄本が必要になった場合に1通で済みますが、旦那さんの戸籍に入ったままだと、自分の分と子供の分を2通取らなければならず、また役所が違うので面倒だとは思います

それは確かにそうですね。**氏はそのままにするにせよ、戻すにせよ、戸籍は一緒にしておいた方が無難**ということなんですね

そうですね。あと、母親が続称する場合は3か月以内に届け出る必要がありますが、お子さんの氏の変更には期限はありません。ただし、氏は一度変更すると、原則的には変更は認められませんので、離婚前にしっかり考えておきましょう

【やってみよう！】 離婚後の氏をどうするか考えてみましょう

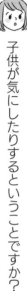

知っておきたい　子供と再婚にまつわる話

女性の再婚禁止期間

ちなみに、もし再婚することになったら、なにか注意することってありますか？

女性は離婚後100日以内は再婚できない再婚禁止期間というものがあります

え、女性だけ再婚できない期間があるんですか？

はい、「父親が誰か」という混乱を防ぐために……。ですから、妊娠していないという医師の証明書があるか、妊娠していても出産が済めば、すぐ再婚できます

養子縁組はした方が良いのか？

証明できれば大丈夫なんですね。他に気を付けた方が良いこと等はありますか？

養育費の時に少し話しましたが、子供連れでの再婚の場合は、養子縁組をするかしないかが、養育費の金額に影響することがあります

養子にすると、養育費は減額か、なくなる可能性があるんですよね。それでも養子にした方が良いんですか？

法的に見ればメリットの方が大きいと思いますので、新しい親が問題のある人でない限り、養子縁組をした方が良いケースが多いです。ただ、再婚した旦那さんと離婚することになった場合は、養子縁組の解消が煩雑になる可能性がありますが

養子縁組をするとどんなメリットがあるんですか？

養子縁組をすれば、お子さんが新しい親御さんと親子関係ができるので、新しい親御さんに養育義務が発生するわけですね。あと、新しく親御さんになった方の相続

人となることができますので、財産を相続できるというメリットがあります

へー。すると、養子縁組をすると元の親とは他人になるんですか？

養子縁組には普通養子縁組と特別養子縁組があり、普通養子縁組でしたら、元の親との親子関係は残ったまま、新しい親との関係ができます。ですから、元親にも扶養義務が残りますし、子供は元親の遺産の相続権も持つことになります

では、二重に親ができるみたいなものですね

そうです。一方で、特別養子縁組は元親との親子関係は切れてしまうのですが、再婚の際に特別養子縁組の制度はあまり利用されないので考えなくていいでしょう

【やってみよう！】子どもの養子縁組について考えてみましょう

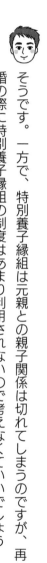

第４章
協議離婚の準備
証拠編

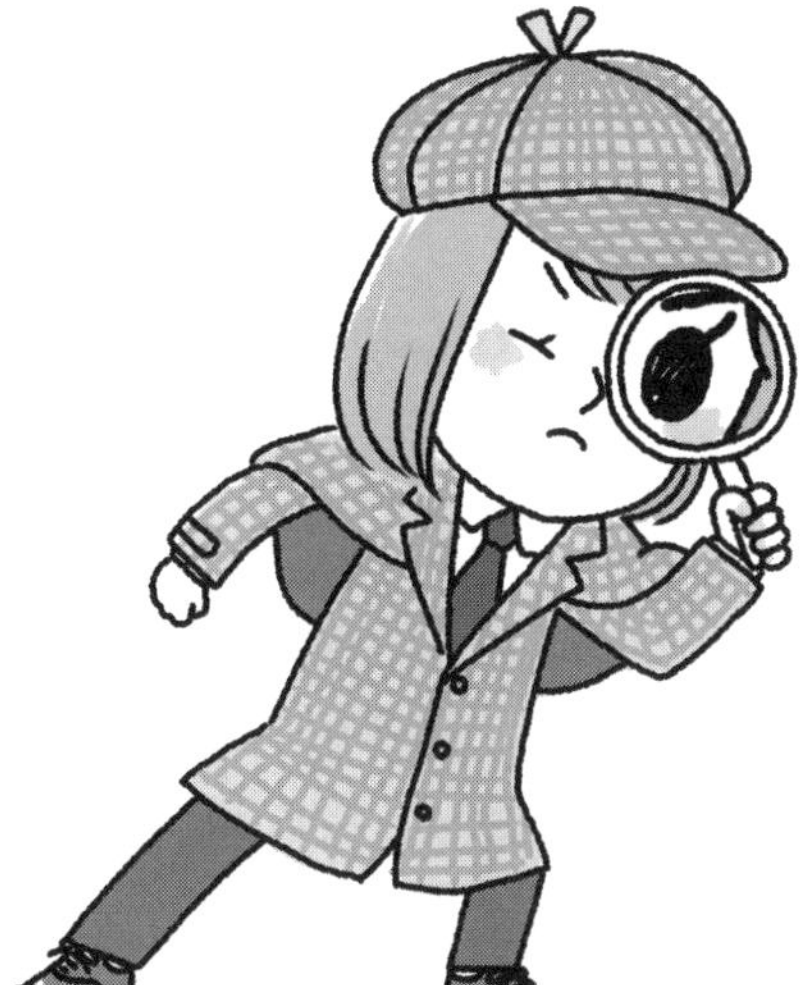

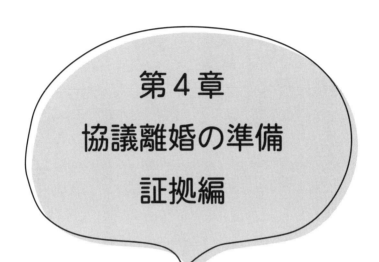

離婚原因を補強する証拠を集める

証拠はあるに越したことはない

証拠は、協議離婚では絶対に必要というわけではないのですが、相手を説得し離婚の同意を得るためにも、あった方が良いでしょう

証拠！　なんだか推理ドラマみたいですね

ドラマでも証拠を突きつけることで犯人を説得したりしますね。そして、せっかく集めるなら、裁判になったとしても使える証拠だといいですね

裁判で使えない証拠もあるんですか？

同じ日記でも、デジタルよりは手書きの方が証拠になりやすい、等があります。あとは、例えば、相手方を脅して話させた内容を録音したものや、書かせた書面等、違法な手段で入手したものは証拠にすることができない可能性があります。どのように証拠化したのか、というのは訴訟をするときに絶対に問題になってきます

1・性格の不一致の場合

うちのように性格の不一致の場合は、どんな証拠があればいいのでしょうか?

相手に言われて嫌だったことをしっかり残しておくことですね。そうすれば、「こんなひどいことを言ったじゃないか」と言うことができますから

それは確かに。でも、とっさに証拠を残すって難しそうですね

日記でも大丈夫ですよ。ただ、離婚を考えてから書き始めたのでは微妙なので、送られてきたLINEやメールを保存しておいたり、印刷しておくといいでしょう

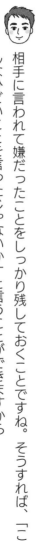

2・不貞行為の場合

証拠といえば、知人の旦那さんに浮気疑惑があって、怪しいメッセージのやり取りを見てしまったと相談を受けたのですが、これって不貞行為の証拠になりますか？

そうですね、最近では、パートナーが持っている携帯電話をふと見て発覚することは多いです。ご主人のメールやＬＩＮＥなんかで、明らかに不貞行為をにおわせる内容のものがあれば、十分に証拠になると思います

内容としては、「好きだ」「会いたい」といった感じだったみたいです

その程度ですと、協議離婚なら認めさせることができるかもしれませんが、裁判になった場合には不貞行為という離婚原因は認められにくい可能性がありますね

裁判だとだめなんですか？

親密なやり取りをしているな、という程度で、不貞行為の立証までは難しいです

知人はかなり悩んでいるのですが、法律上はどうしようもないのでしょうか？

いえ、不貞行為が立証できなかったとしても、親密な度合いが常軌を逸している場合、その行為によって婚姻が破綻したと主張することはできます

「常軌を逸している」ってどういう状態ですか？

明確な基準はないのですが、例えばキスをしている写真なんかがあって、他にもどうやら繰り返しているようだという証拠が出てきたとします。そうすると、これが原因となって夫婦関係が壊れたことによる「婚姻関係を継続し難い重大な事由」にあたる、という判決が下る可能性はありますね

繰り返し……キスは1回でも普通の関係ではない気もしますけれど……

まあ、いろんな状況が考えられますからね。ただ、婚姻関係を継続し難い重大な事由にあたると判断されただけでも相手方の有責性が認定されますので、不貞行為よりは金額は下がりますが、慰謝料請求も認められる可能性もあります

分かりました。ちなみに、証拠ってどうやって集めればいいのでしょうか？　相手のスマホを勝手に見たり、写真を撮ったりしても大丈夫ですか？

スマホに保存されているメールやメッセージを勝手に見ることは、たとえプライバシーの侵害だとしても、それで損害賠償請求を行うのは難しいことが多いので、事実上問題にならない可能性が高いでしょう

それは良いことを聞きました。それならＬＩＮＥとかも見ても大丈夫ですか？

端末に残されているデータを見る分には問題にならない可能性が高いです。ただ、自動的にログインされてダウンロードされるメッセージを覗き見たり、Gmail のよ

うにサイトにアクセスしてアカウントとパスワードを入力しログインする行為は、不正アクセス禁止法に違反してしまうので、それは止めた方がいいです。違反すると刑事罰もあったりしますし、証拠として使えない可能性もあります

では、LINEは機内モードにしてから見るようにと伝えておきます！　他にも何か証拠にできるものってありますか？

ホテルやレストランのレシートやカード明細は単体ですと誰と行ったか分からないのですが、他の証拠と結びつけられれば意味があるでしょう

ホテルなんてだいぶ怪しいですよね

どこのホテルか分かっているなら、ご主人が誰かとホテルに出入りする姿を写真に撮っておいて、不貞行為の立証の間接的な事実として使う、というのもありですね

これは1回でもいいんですか？

1回でも証拠にはなりますが、**1回よりも継続的な方が慰謝料は高くなります**ので、可能でしたら何回か押さえた方がいいですね

うーん、なるほど。でもその人、お子さんもいますし、仕事もあるので、何度も現地で張り込むのはちょっと難しいのではないかと

そういう場合は探偵を雇うのも1つの手です

探偵！　ますますドラマみたい。探偵って、雇うといくらくらいかかるんですか？

ピンキリだと思いますが、1日8時間で10～20万くらいではないでしょうか。朝から夕方まで1日尾行して10万円いかないというのはあまり聞かないですね。その日に証拠が取れればいいですが、なかなかそうもいかないですしね

うーん、なかなかポンっと出すには厳しい金額ですね。現実は厳しい……カマをか

けて自白を引き出すとかはどうでしょう？

それも証拠になります。その場合は、そのことを**何らかの書面にしてもらうといい**ですね。「私はいつからいつまで浮気をしていました」と。「あれは脅されて言っただけだ」と後から言われると、証拠として信用力が無くなってしまいますからね

なるほど、伝えておきます！

3・モラハラとDVの場合

これは専業主婦の友人の話なのですが、旦那さんが何かにつけて、「おまえにできる仕事はない」とか、「専業主婦のくせに掃除もろくにできない」とか言うらしいんですよ。彼女も旦那さんに離婚を切り出したそうなんですが、旦那さんが無視するから話が進まないらしくて。こういう場合も、証拠って必要になりますか？

話し合いができないと調停、裁判という流れとなると思いますので、間違いなく

あった方がいいですね。ただ、肉体的身体的な暴力は分かりやすいのですが、精神的なものはどこからが暴力、モラハラなのか区別が難しい部分は正直ありますね

目に見えないですものね

あと、定義自体が確立していないので、何をもってモラハラというのかは難しいところなんです。私の理解としては、DV防止法で定める「精神的な暴力」を含む、精神的な嫌がらせ全般を指すといったところなんですが

むむむ……モラハラって難しいんですね。DV防止法という法律があるんですか？

DV防止法とは、正確には「配偶者からの暴力の防止及び被害者の保護等に関する法律」のことです。このDV防止法では暴力についての定義が規定されています。配偶者からの身体に対する暴力、又はこれに準ずる心身に有害な影響を及ぼす言動がDV行為だと定められているんです

配偶者からの暴力の防止及び被害者の保護等に関する法律　第一条

この法律において「配偶者からの暴力」とは、配偶者からの身体に対する暴力（身体に対する不法な攻撃であって生命又は身体に危害を及ぼすものをいう。以下同じ。）又はこれに準ずる心身に有害な影響を及ぼす言動（以下この項及び第二十八条の二において「身体に対する暴力等」と総称する。）をいい、配偶者からの身体に対する暴力等を受けた後に、その者が離婚をし、又はその婚姻が取り消された場合にあっては、当該配偶者であった者から引き続き受ける身体に対する暴力等を含むものとする。

ただ、裁判所が**モラハラについて明確に言及している裁判例はなくて、精神的な暴力によって婚姻関係を継続し難い事由があると認定しているケースが多い**です

具体的にはどんな感じなんですか？

夫が飲酒時に妻やその家族に対して大声で罵倒することに、妻が精神的肉体的に疲

れ果てて別居するに至った事例では、妻からの離婚請求が認められています。ですから**日常的に心理的な悪影響を与えるような暴言が繰り返されるケースですと、それをもって婚姻関係を継続し難いと認められる可能性が高くなる**と思います

日常的に暴言があったら、すぐ離婚したいですよね……

ただ、モラハラや精神的暴力の内容を1つ1つ立証していくことによって、どのような影響が生じたかということを明確にしていくという作業は必要になります

そうすると、どういうものが証拠になるんでしょうか?

精神的な暴力を受けた、それによって精神的な傷を負ったということでしたら、そのような診断書があれば有利ですし、逆にないと立証ができないこともあります。**専門医に診てもらって、証拠としてちゃんと残しておいた方がいい**でしょう

分かりました

あと、精神的な暴力は形が残らないので、言われたことを証拠として残しておく必要がありますね。できれば、**録音が一番良い**です。スマホでも簡単に録音できます

なるほど、教えてあげよう。ツイッター等、SNS上で残すのはどうですか？

それも証拠になりますね。あとは、お子さんが証人になってくれることもあります

4・その他（嫁姑関係、宗教問題等）の場合

義理のご両親が宗教に入らないかとしつこくて嫌になってしまった友人もいます

それらのケースでも、日常でどのようなことが行われていたのかというのが分からなければ裁判所は判断できません。より新鮮な生の事実を残しておくために、その都度感じたことを日記や録音等で残しておくのは1つの方法ですね

証拠として日記をつける時のコツ

日記はわりと万能そうなので、日ごろからつけておくと良さそうですね

そうですね。裁判になる前、相当以前からつけている日記なら信用性も高まりますので、いい証拠になると思います

日記をつける際のコツとかってありますか？

あったこと、言われたこと、出来事をそのまま書けばいいでしょう。言われた日に書いていれば正確性はある程度担保されていると判断されますから。あとは、日付とその日の天気、言われた時の気持ちなんかも一緒に書いておくといいですよ

【やってみよう！】証拠にできるものがあるか考えてみましょう

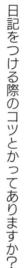

第5章
協議離婚
実践編

協議離婚の流れ

何から始めればいいのか

いよいよ離婚の話し合いをしようと思います。でも、どうやって話を進めればいいのか分からないので教えてください！

決まった進め方というのがあるわけではないのですが、お勧めは次の通りです

①今後の生活について考える
②離婚を切り出し離婚条件を話し合う
③決まった内容を元に離婚協議書または離婚公正証書をつくる
④離婚届を提出する

①今後の生活のシミュレーションをしよう

お金の流れを把握する

離婚したいという気持ちだけで突き進んでしまって、あとから困窮することは避けたいところです。話を切り出す前に、今後の生活にかかるお金について、できる限りシミュレーションをしておいた方がいいでしょう

どんなことを考えておけばいいでしょうか?

大きく分けると、出ていくお金と入ってくるお金があります。出ていくお金は、新生活を始めるにあたって必要となるお金と、新生活を続けていくために必要なお金、入ってくるお金は、離婚をするときに得るお金と、離婚後得続けられるであろうお金です。具体的には次のページのようになります。埋めてみてください

出ていくお金

種類		金額	備考
新生活を始めるにあたり一時的にかかるお金	新居の費用（家賃、仲介手数料、敷金、礼金、引っ越し費用）		
	新規に購入するものの費用（家具・家電・車等）		
	（自分が有責配偶者なら）慰謝料		
	（必要なら）調停や裁判・弁護士の費用		
合計			

今後かかり続けるお金	生活費	家賃		
		水道光熱費		
		食費		
		日用品費		
		通信費		
		保険料		
		医療費		
		交際費		
		被服費		
		その他（駐車場代等）		
	税金・国民保険料	固定資産税		
		自動車税		
		住民税		
		所得税		
		国民健康保険・社会保険		
		国民年金		
	子供がいる場合	学費・保育料		
		習い事の月謝		
		今後の学費の積み立て		
	老後資金の積み立て			
合計				

入ってくるお金

<table>
<tr><th colspan="2">種類</th><th>金額</th><th>備考</th></tr>
<tr><td rowspan="2">離婚時に得られるお金</td><td>財産分与</td><td></td><td></td></tr>
<tr><td>(相手が有責配偶者なら)慰謝料</td><td></td><td></td></tr>
<tr><td colspan="2">合計</td><td colspan="2"></td></tr>
</table>

<table>
<tr><td rowspan="7">今後、得続けられるお金</td><td colspan="2">自分の給料</td><td></td><td></td></tr>
<tr><td colspan="2">その他の収入</td><td></td><td></td></tr>
<tr><td rowspan="5">子供がいる場合</td><td>養育費</td><td></td><td></td></tr>
<tr><td>児童扶養手当</td><td></td><td></td></tr>
<tr><td>児童手当</td><td></td><td></td></tr>
<tr><td>児童育成手当</td><td></td><td></td></tr>
<tr><td>医療費補助</td><td></td><td></td></tr>
<tr><td colspan="3">合計</td><td colspan="2"></td></tr>
</table>

離婚後の生活費、どれくらいでイメージしておけばいいでしょうか

実家に戻らない場合は、大雑把な目安になりますが、家賃を除いたこれまでのひと月の生活費を家族の人数で割り、1人引いた数で掛け、そこに家賃を足します

そうすると、うちの場合は今、生活費だけで毎月20万円くらいかかっているので、20÷4×3＝15万円。これに家賃が都内だと安くても7、8万はするだろうし、ローンを単独にすると12万、その上保育料……厳しいですね。実家に帰るか……

ただ、ご実家に帰るとなると、また新たな金銭問題が発生する可能性があります。というのも、親が現役で収入があったりすると、ひとり親のための福祉制度を受けられなかったり、保育料が高くなったりすることがあるんですよ

ええ、なんでですか？

自治体によって異なりますが、**保育料や社会福祉制度は同居している家族全員の所**

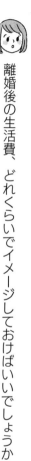

得で決まることが多いので。自治体によっては世帯分離をすることで別世帯とみなされる場合もあるようですが

世帯全体での収入で見られるから、収入が多いとみなされてしまうのですね

そうです。離婚成立前でも、別居等で保育料の減免は可能なのですが、これも収入のある家族と同居するとなると、できないことがありますし、児童扶養手当も同居家族の所得によって金額が変わります。また、児童扶養手当を受けている前提で受けられる制度があり、それを受けられなくなる可能性もあります。ですから、事前に自治体によく確認してください

実家に帰るにしても、子供と自分だけで暮らす場合の家賃や光熱費と、実家に帰って浮く生活費と減る補助を事前に調べて、きちんと比べてみないといけないんですね。……財産分与や養育費、慰謝料については、あてにしてもいいんでしょうか？

財産分与については1／2なら確実でしょう

共有財産の半分はあてにしても大丈夫、と。慰謝料はどうでしょう？

慰謝料は、相手に有責性があり、支払える資産があれば貰えると思います

そういえばうちは貰えないんだった……。養育費はどうですか？

養育費は、母子世帯で養育費を現在も受給している世帯は、養育費の取り決めをしている世帯で53・3％、取り決めのない世帯も含めると24・3％なので[14]、4人に3人は支払われていないというのが現状ですね……

貰えるのは4人に1人……養育費は極力あてにしない方が安全ではありそうですね

難しいところですが、この点は社会問題にもなっているところですよね。いずれにせよ、出ていくお金と入ってくるお金を比べてみて、実際の離婚後の生活についてあらかじめ検討しておくことが重要だと思います

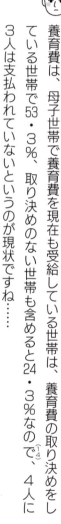

②離婚を切り出す

法定の離婚原因がある場合の進め方

今後の生活への準備が整ったら、いよいよ夫に離婚の話をする段階ですね。離婚を切り出すときのコツって何かありますか?

まず、大事なことは、協議離婚は双方が納得しないと離婚できないということです。裏を返せば、相手が納得してくれればいいわけです

つまり、相手を納得させる話し方をすればいいわけですね

そもそも離婚に反対しているケースでも、相手に不貞行為等がある場合は、証拠を突き付けられれば反論のしようがないので一番簡単だと思うんですよ。多くの場合

は、そうなってしまえば「離婚もしょうがない」と諦めると思うんですよね

まあ、確かにそうですね。それでも相手がごねた場合はどうするんですか？

協議離婚で終わらせるメリットを相手に伝えるのが1つの方法だと思います。調停は長期化しがちですし、弁護士に依頼をすると、双方に、安くても60万円程度の経済的デメリットが生じます

そう聞くと、協議で余計なお金はかけずに終わらせたい気持ちになりそうですね

そうでしょう。法的離婚原因があるならば、裁判となれば離婚が認められるのは明らかなので、争うだけもったいないんですよ

確かに、お金をかけてもかけなくても結果が同じならば、かけずに終わらせられればそれが一番ですよね

ただし、それでも離婚をそもそもしたくないという人もいますね。男性も女性も頑なになってしまうとなかなか考えが変わらないので、そういう場合には協議離婚をするのは難しくなってしまうでしょう

結果が分かっていても調停に進んでしまうということですか？

そうですね、今は、色々な情報が集められますが、それでも冷静に判断できないケースも多いので。協議段階で諦めがつくかというと、なかなかそうもいかない。条件面で揉めている場合、特に、双方が親権について譲らない場合は、協議離婚は諦めざるを得ないでしょう

法定の離婚原因がない場合の進め方

明確な法定の離婚原因がある場合は説明もたやすいのですが、そうでない場合は、相手が、どうしてこちらが離婚したい気持ちになったのかという原因を理解できていないことが多いので、それを理解してもらうことから始めるのが大切です

夫も私がどうして怒っているのか分かっていないことが多いです……

実際、離婚するか否かで揉めるケースは、離婚原因が微妙なことが多いんですよ。そもそもの離婚原因となるような出来事は大したことがなかったのに、それについてその場で話し合うことができず、不満が積み重なっていき、今更話し合う気にもなれないというところまで至ったために突然離婚話が持ち上がる、そして話がどんどん進みこじれてしまう、ということが多いです

うちもまさにこれですね

性格の不一致なんかですと、言われた相手は心当たりがなかったり、そんなことで？　という反応が多いと思いますが、**「そんな事」が大事なんだと説明して理解してもらう**ことが、第一歩としては重要なのでしょう

うーん、なるほど。相手にとってはどうでもいいことでも、こちらにとってはスト

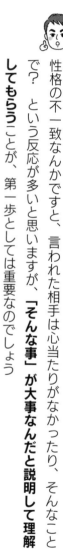

レスなんだとしっかり伝えるんですね。しんどい作業ですね

そうですね。ただ、多くの場合は、結局そこでちゃんと話してあげれば、「そこまであなたが言うならしょうがないんだね、離婚しかないんだね」と覚悟してもらえるはずです。中途半端な話しかしないと、相手も覚悟が決められないので

確かにそうかもしれません……。ちなみに、そこまで話をしてもまとまらなかった場合はどうすればいいのでしょうか？

次の段階としては、**条件面の交渉**が一番大きいでしょう。「協議でまとめるならこれ以上はいらないから」というのはやはり大きいと思います。お子さんがいらっしゃる場合は、あまり溝が大きくなる前に協議離婚できれば、その後の連絡の取りやすさ等も変わってくると思います。そうすると面会交流の交渉がしやすくなる可能性があることも伝えてもいいでしょう

分かりました、やってみます

DV等、話し合いができないケース以外は、相手に納得してもらうことが大事ですからね。面倒くさくても大変でも、相手に説明して、納得してもらえるようにしましょう

条件面の話し方

離婚の方向で話がまとまったら、条件についても忘れずに話し合いましょう

どのように進めればいいですか?

絶対譲れないところだけまず決めておくことですね。何が第一目標なのか。とにかく離婚ができればいいのか、お金も貰いたいのか、親権をとりたいのか、それによって交渉の進め方も変わってきます。例えばDVする旦那さんなら離婚が最優先ですから、極論を言えばお金はどうでもいいと思うんですよ

それは確かに

ある程度の条件は獲得したいが、条件よりもむしろ「離婚したい」が最優先の場合には、先ほどもお伝えした通り、「これについては譲歩するから離婚しましょう」というように話を持って行くのが早いでしょう

そうすると、すべてを満額で、というのは基本的には厳しいのでしょうか

そうですね。とくに離婚を計画的に考えた場合や、お子さんがいるケースですと、学校の関係等でいつまでに離婚したいと期限を決めているケースが多いと思います。そういう場合は**何を重視するのかによって、交渉のバランスを考えていった方が良い**でしょう

うちも上の子が小学校に上がる前に、けりをつけたいです

期限があるような場合は、慰謝料については、明確な帰責事由が相手にあれば別で

すが、そうでなければ慰謝料はそもそも取れないケースが多いですし、明確な帰責事由があったとしても、交渉で慰謝料を貰うのは難しいこともあるので、もう慰謝料は断念して、財産分与までで諦めるということも、1つの方法ではあります

慰謝料を交渉材料にするんですね。でも、法定の離婚原因があるにもかかわらず慰謝料を貰わないと、後々不利になることってないですか。慰謝料を貰うことが自分が有責ではないことの証明になると聞いたことがあるのですが

当然、慰謝料を貰った方が何も悪くないという推認は働くでしょうね。ただ、支払う立場の方に弁護士がつく場合は、お金を支払うとしても、「慰謝料」ではなく、早期に離婚するための「解決金」という名目にします。有責性について争いがあるときは特に。このように、有責配偶者でも必ずしも慰謝料を支払うわけではないので、貰わなくても、批判されるいわれはないと思いますよ

へー、そういうものなんですね

それで、逆に時間はかかってもいいし、離婚については双方納得している、という場合には、お金のところをきっちりと時間をかけて請求していけばいいわけです。お金の問題は先ほども申し上げた通り、財産分与は1／2、慰謝料は、発生する場合は相手が払えるちょっと上くらいから請求していった方が良いでしょう

うちは親権が第一優先なのですが、その場合はどう話せばいいですか？

相手も親権にこだわっているなら、「親権を譲ってくれるのであれば、お金の話は譲歩してもいいよ」、という方が交渉はしやすいでしょう。「お金も欲しい、親権も欲しい」では相手が折れないでしょうから

なるほど、そうすると、養育費は諦めるということですか？

いえ、**親権をとるときは養育費は最低ライン**だと考えてください。財産分与、慰謝料、養育費があるとすると、少なくとも養育費は絶対に守ってほしいですし、財産分与も今ある財産を半分に分けてほしいというところまでは主張した方が良いと思

います。まあ、相手の資産状況にもよるのですが

そうすると、慰謝料はそもそも発生しない状態で、財産分与はきっちり半分、親権は貰うし、養育費も払ってほしい、ということになりますが、交渉になりますかね？　もちろんそうできればそれが一番なのですが

まずは全て主張してみてもいいでしょう。交渉が成立しそうになければ、お子さんと養育費については譲歩できないでしょうから、そうすると金額にもよりますが、大抵は財産分与で妥協することになりますね。何かしらを捨てなければ話し合いも進みませんからね。これはとても難しい問題ですが

自力で全てを勝ち取るのは難しいことも多いんですね……

話し合う際に注意したいこと

離婚を切り出すときは、家を出る準備もしておいた方がいいですか？

離婚話を切り出して夫婦仲が険悪になるようなら出ていく、という覚悟ならば、荷物をまとめて出ていけるようにしておいてもいいでしょう。あと、DVの恐れがあるならば、話し合い以前にすぐに出て行った方がいいです

通常の話し合いができそうならば、大掛かりな準備はいらないということですか

そうですね。いきなり出て行ってしまうのがいいのかどうかは微妙なケースも多いですから。暴力のないことが前提ですが、1回離婚を切り出して、相手が応じてくれなくても、**危険性がないようなケースであれば継続的に話すつもりでやった方が良いでしょう**

何度か話し合わなければいけないんですね……

はい。あとは、離婚原因について証拠があるのであれば、それは全部提示できるようにしておきましょう

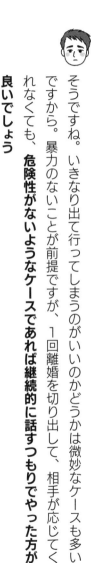

証拠って全部提示してしまうと、手の内を明かしてしまうことになりませんか

相手が証拠隠滅できないような決定的な証拠をとっておくことが大事ですね

分かりました。あと最近はドラマ等でよく会話を録音しているのを見かけますが、ああいうことはした方が良いのでしょうか?

危険性があるのであれば録音等はした方が良いでしょうし、言った言わないで喧嘩になる恐れがある場合も、録音しておくのは良いことだと思います。今はスマートフォン等でも簡単に録音できますから

相手に言わずに録音しても大丈夫ですか

問題はないでしょう。この程度であれば証拠として使うことも可能です

③離婚協議書か公正証書を作ろう

離婚協議書とは

話し合いがまとまったら、それを離婚協議書《りこんきょうぎしょ》にまとめるか、箇条書きにして公正証書を作る準備をします

公正証書はお金にまつわることを書いておけば強制執行できるものでしたよね

そうです。公正証書は普通、作成する際に「**強制執行認諾文言《きょうせいしっこうにんだくもんごん》**」というものを入れます。これがあれば、お金の問題、例えば相手が支払ってくれないとき等に、公正証書は判決と同じ効力を持つので、**いきなり強制執行の申立てができます。**要するに、訴訟提起から判決取得までの手続きを省略できるんです

便利ですよね、公正証書。離婚協議書は……なんでしたっけ？

離婚協議書は、協議離婚の際の条件をまとめた書面のことです

作ると何かメリットがあるんですか？

離婚協議書は当事者間の契約ですので、相手が契約に従ってお金を支払わない場合、**裁判所に訴訟を申立てて、判決をもらい、強制執行するのに役に立ちます。**書面に残しておかないと証拠がなくなってしまい立証できなくなってしまうので、裁判をやっても勝つことができません。そのため、証拠という意味で必要です

それなら公正証書の方が訴訟を申立てなくていい分、楽なんじゃないですか？

公正証書を作ることができればそれが一番良いのですが、離婚協議書はその場でお互いがサインするだけでいいので、お互い平日に公証役場まで行くのが難しい場合や、相手に公正証書を拒否されたときは離婚協議書で済ませることもあります

なるほど、どうしても**公正証書を作れないときは、離婚協議書だけでも作っておいた方が良い**のですね。それで、どうやって作ればいいんですか?

離婚協議書はワードでも手書きでも何でもいいです。同じ文面のものを2通作り、日付を入れ、両方にお互いが署名と捺印をして1通ずつ持ち合うことになります。

内容としては、次の通りです

①双方が離婚に合意していること
②親権をどちらに帰属させるか
③養育費を毎月いくら払うか、進学費用は別途話し合う等
④別居中の親とお子さんの面会交流はどうするか、頻度や方法等
⑤財産分与についてどうするか
⑥慰謝料はどうするか
⑦年金分割をどうするか

離婚協議書の見本

支払い方法・振込手数料まで指定する
分割にするならその旨も記す

財産分与の対象は何か、その中で
分与するものは何かを書く
※住宅ローンや生命保険などがある際は、それも詳細に明記する

第6条（自宅不動産以外の財産分与）

乙は、甲に対し、離婚に伴う財産分与として1,225,000円の支払義務のあることを認め、これを令和○年　○月　○日限り、甲の指定する銀行口座に振込送金する方法により支払う。ただし、振込手数料は乙の負担とする。

慰謝料は払うのか、払うならいくらかを書く

第7条（慰謝料）

乙は、甲に対し、離婚慰謝料として1,000,000円の支払義務のあることを認め、これを令和○年　○月　○日限り、甲の指定する銀行口座に振込送金する方法により支払う。ただし、振込手数料は乙の負担とする。

年金分割を行うのか、行うなら割合はどうするかを書く

第8条（年金分割）

甲及び乙は、甲乙間の婚姻期間中の年金分割についての請求すべき按分割合を０．５とすることに合意し、甲及び乙は、協力して年金分割に必要な手続を行うものとする。

第9条（通知）

甲及び乙は、住所、電話番号及びその他の連絡先を変更したときは、相手方に対して速やかにこの旨通知するものとする。

第10条（清算条項）

甲及び乙は、本件離婚に関し、何らの債権債務のないことを相互に確認し、今後、財産分与又は慰謝料その他名目の如何を問わず、互いに、何らの請求も行わないものとする。

この離婚協議書に書かれていない請求は
お互いに今後一切生じないと約束する文言

上記のとおり、合意が成立したことを証するため、本書２通を作成し、各自１通を保有する。

令和○　年　○月　○日

【甲】住所　東京都豊島区○○ ○○番 ○号
　　氏名　小池絢子　（小池）印

【乙】住所　東京都豊島区○○ ○○番 ○号
　　氏名　小池一郎　（小池）印

親権を持つ方の名前を書く
※妻の氏は婚姻中のものを記載する

親権を持たない方の名前を書く

離婚協議書

小池絢子(以下、「甲」という。)と小池一郎(以下、「乙」という。)は、以下のとおり協議離婚することに合意する。

第１条(協議離婚)

1　甲及び乙は、本日、協議離婚することに合意した。

2　甲は、令和○年○月○日までに、甲及び乙の署名捺印した離婚届を役所に提出するものとする。

第２条(親権)

甲及び乙は、甲乙間の長男太郎(平成○年○月○日生。以下、「丙」という。)及び長女花子(平成○年○月○日生。以下、「丁」という。)の親権者を甲と定め、甲において丙及び丁を監護養育する。

養育費を払うのか、払うならいくらかを記載

第３条(養育費)

1　乙は、甲に対し、丙及び丁の養育費として、令和○年○月から丙及び丁が満２０歳に達する日の属する月(大学、短期大学又は専門学校に進学する場合は、その卒業の日の属する月)まで、１人につき40,000円を、毎月末日限り、甲の指定する銀行口座に振込送金する方法により支払う。ただし、振込手数料は乙の負担とする。

2　丙及び丁の進学、病気等の特別の費用については、甲及び乙が別途協議して定める。

面会交流の頻度や１回あたりの時間、普段の連絡の可否などについて書く

第４条(面会交流)

甲は、乙に対し、乙が丙及び丁と月１回程度の割合で面会交流することを認める。ただし、面会の日時、場所及び方法等については、子の福祉を尊重し、甲及び乙が別途協議して定める。

第５条(自宅不動産の財産分与)

1　乙は、甲に対し、離婚に伴う財産分与として、下記不動産(以下「本件不動産」という)を分与することとし、離婚届出日付財産分与を原因とする所有権移転登記手続をする。

〈※土地及び建物の詳細を記載〉

2　甲は、本件不動産における乙名義の住宅ローン残債務25,000,000円を免責的に引き受けるものとし、金融機関との間で当該住宅ローン残債務について甲を債務者とするものに借り換えを行い、責任をもって弁済することを約束する。

※妻側が不動産の所有権を取得し、住宅ローンについても妻名義に借り換える場合の一例
この場合には、予め金融機関に相談の上、審査等の手続を済ませておくことが必要

財産分与についてはどこまで書けばいいのでしょうか？

動産は、車や特に高価なものくらいです。家電等は使い古されていて一般的にはあまり価値はないので、書く必要性はありません。揉めそうなら書いてもいいですが

分かりました。書くのは金銭と証券、車、不動産程度にしておきます

あとは、年金分割は、載せても強制力はありませんが、載せることはできます

そうなんですね。一応載せておいてもいいのかな。他に注意点ってありますか？

そうですね、**離婚協議書を作る際には、離婚届も同時に書く**といいでしょう。せっかく離婚協議書を作っても、離婚届にサインしてもらわないと離婚できませんので

なるほど、了解しました！

離婚公正証書を作ろう

次に、公正証書の作り方についても詳しくお話ししておきましょう。まあ、公正証書を作っておいても、相手の失業等で払われなくなるリスクはありますし、金額を再交渉される可能性もあるので過信はしない方がいいですが

そういえば、公正証書を作っていても、相手が転職等して行方をくらませた場合は、自力で探し出さないと請求できないと聞いたことがあります

そうなんですよね。ただ、民事執行法の改正により、2020年4月以降は、公正証書でも財産開示手続きが利用できるようになります。また同月以降、財産開示手続き自体も実効的なものとなり、金融機関の預貯金等の情報や市区町村のもつ相手方の勤務先情報等が分かるようになるため、今後は回収しやすくなると思われます

それはすごいですね！

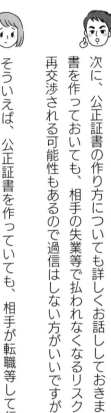

はい。また、**公正証書に、「連絡先に変更があった場合には相手方に通知しなければいけない」という条項を入れておく**ことで、連絡がもらえる可能性を高めておくと良いと思います

今後公正証書の重要性は高まりそうですね。公正証書はどうやって作るんですか?

まずは、公証役場を調べて予約をします。そして、どちらかが、もちろんお2人でもいいですが、可能であれば離婚協議書か、離婚の条件を箇条書きにしたものを持参して内容を公証人に伝えます。その際には、次のものを持って行ってください。必要書類については、予約の際に公証役場の方に確認した方が良いでしょう

①離婚協議書または、取り決めたことを箇条書きにしたもの

②各種必要な書類

・財産分与

不動産登記簿謄本、固定資産評価証明書、住宅ローンの書類、自動車ローンの書類

・年金分割

夫婦それぞれの年金手帳、年金分割のための情報通知書（取得までに1か月近くかかる場合があるので事前に準備する）

そうすると後日公証人が公正証書の原案を作ってくれますので、今度はお2人で公正役場に行き、公証人に立ち会ってもらって内容を確認し、署名捺印する必要があります。その際には次のものを持って行ってください

①身分証明書（運転免許証等）と認め印または、印鑑登録証明書と印鑑
②戸籍謄本

2人で行かなければいけないのはハードルが高いですね。それにわざわざ強制執行されるための書類を作りたがる人は少なそうな気が……。相手が公正証書を作るのを嫌がるときは、なにか説得の方法ってありますか？

無理難題は押し付けないことと、あとは清算条項、つまり、「これ以上は後から請求したりしません」という文言を入れることで、お互いにメリットがあるものとなるので、協力してくれる可能性は高くなると思います

ここでも交渉力が必要とされるんですね

そうですね。それでもだめなら離婚協議書だけでも作るか、もしどうしても強制力が欲しいなら、調停も視野に入れるというのも考えてみてください

調停はめんどくさそうだからやりたくないなあ

それは相手も同じだと思いますので、「だめなら調停をする、そうしたら平日に何度も裁判所に行く必要が出てくる」と話すことも、効果はあるかもしれませんね

公正証書の注意点

ちなみに公正証書を作るうえで、気を付けた方が良いこと等はありますか？

普通は公証人がきちんと作ってくれるはずですが、**金額と支払い方法や期日を明確にすること、強制執行認諾文言が必ず入っていることは確認した方が良い**ですね

その辺がきちんとできていないと何か問題になるんですか？

負担の方法や時期、文言が判決文と同じように明確に書かれていないと、支払い義務が本当にあると読めないので強制執行ができない場合もあるんですよ。まあ、公証人が間に入っていれば基本的には大丈夫だと思いますが

そうなんですね。ちなみに、どんな場合は問題があって、どんな場合だと大丈夫なんでしょうか？

公正証書の場合は、次のような形式で書く必要があります

公正証書のOK例

【OKポイント①】
金額が明確

甲は乙に対して、財産分与として、金1,000,000円の支払い義務のあることを認め、これを令和2年1月25日限り、乙の指定する銀行口座に振り込み送金する方法により支払う

【OKポイント②】
「義務がある」ということを示している

【OKポイント③】
期限が書かれている

公正証書のNG例

①甲は乙に対して、財産分与として甲の口座内のお金を折半する

【NGポイント①】
「折半する」など抽象的な表現は使わない

②甲は乙に対して、令和2年1月25日に、金1,000,000円を支払う

【NGポイント②】
支払い義務が明確でないと強制執行できない可能性がある

③甲は乙に対して、財産分与として金1,000,000円を支払う

【NGポイント③】
支払期日が明確でないのでNG

例えば、「折半する」では強制執行できません。なぜなら、いくらか分からないし、「折半する」は支払い義務を認める文言ではないので、強制執行になじまないため、強制執行できなくなってしまうんです

自力で書こうとすると間違えそうですね……

ふつうは公証人の方が直してくれると思いますが、一般の方が強制執行できるようなきちっとした文言にするのは難しいでしょう。**どういう条項を入れたいかという内容だけ伝えて公証人に文言を書いてもらう**といいのかもしれません。もしくは弁護士に依頼すれば、弁護士と公証人の二重チェックとなるので安心だと思いますよ

そういう場合は、どういう風に弁護士さんに依頼したらいいのでしょうか?

弁護士に相談に行って、「こういう条件でまとまりそうだから公正証書にしてください」と言えばいいと思います

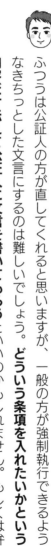

弁護士事務所のＨＰを見ると、10万円前後＋実費でお願いできそうですね。他に注意点はありますか？

公証役場で公正証書を作り、それを元に強制執行をするためには、相手方に**送達**しなければならないのが一般的なのですが、離婚における公正証書の場合は、一緒に出頭して同時に**交付《こうふ》送達《そうたつ》**という手続きを行えば送達は不要となります。後々強制執行が必要となったときに相手が連絡先を変えてしまっていて送達ができなければ強制執行もできなくなってしまうので、忘れずにやっておきましょう

交付送達ですね、分かりました！　あとは、公正証書って作るのにいくらくらいかかるんですか？

公正証書の金額は財産の価値やページ数によって決まります。次のページの表から計算してみてください

公正証書の手数料

目的価額 （その行為によって一方が得られる利益の金額）	手数料
100万円以下	5000円
100万円を超え200万円以下	7000円
200万円を超え500万円以下	1万1000円
500万円を超え1000万円以下	1万7000円
1000万円を超え3000万円以下	2万3000円
3000万円を超え5000万円以下	2万9000円
5000万円を超え1億円以下	4万3000円
1億円を超え3億円以下	4万3000円に超過額5000万円までごとに1万3000円を加算した額
3億円を超え10億円以下	9万5000円に超過額5000万円までごとに1万1000円を加算した額
10億円を超える場合	24万9000円に超過額5000万円までごとに8000円を加算した額

日本公証人連合会のHP（http://www.koshonin.gr.jp/business/b10）より

※協議離婚を行うにあたって（離婚給付契約において）「慰謝料・財産分与の取り決め」又は「未成年の子供の養育費」の支払を公正証書にする場合は、「慰謝料・財産分与」と「養育費」は別の法律行為として扱います。そのため、それぞれの手数料を算定して合計したものが、その証書の手数料の額になります。
ただし、養育費は、支払期間が10年以上であっても10年分の金額のみが目的価額となります。

※法律行為についての証書を作成した場合には、法務省令で定める証書の枚数が4枚（縦書きの場合。横書きなら3枚）を超えた場合、1枚超えるごとに250円の追加料金がかかります（手数料令25条）。

※交付送達を行うのでしたらその手数料もかかります。

うちの場合は、

慰謝料　↓なし
財産分与↓４８５万円＝目的の価額２００万円を超え５００万円以下
養育費　↓９６０万円（月８万円が10年分）＝目的の価額５００万円を超え１０００万円以下
＝１万１０００円（財産分与の手数料）＋１万７０００円（養育費の手数料）
＝２万８０００円＋証書の枚数による追加＋交付送達手数料

結構するなあ。公正証書を作る費用はどちらが負担するのでしょうか？

これは法的な決まりはありませんので、基本的には折半、もしくは作りたい方が出すことが多いですね

なるほど、そうすると私が負担することになる可能性が高いのですね……

④離婚届を書く

離婚届記入時の注意点

離婚協議書か離婚公正証書ができあがりましたら、ついに離婚届を書くときです

つっ、ついに……。長かったですね

はい。でもまだ気を抜いてはいけませんよ。離婚届をせっかく書いても、不備があれば受理されませんので、間違いのないようにしっかりと書きましょう。次のページに離婚届の書き方を載せたので見てください

離婚届の書き方

続き柄は長男、二男、三男……というように書く
※次男・次女とは書かないよう注意

記入の注意

鉛筆や消えやすいインキで書かないでください。
筆頭者の氏名欄には、戸籍のはじめに記載されている人の氏名を書いてください。
札幌市内の区役所に届け出る場合、届書は１通でけっこうです。（その他のところに届け出る場合は、直接、提出先にお確かめください。）
この届書を本籍地でない市区町村役場に提出するときは、戸籍謄本または戸籍全部事項証明書が必要です。
そのほかに必要なもの　調停離婚のとき→調停調書の謄本
審判離婚のとき→審判書の謄本と確定証明書
和解離婚のとき→和解調書の謄本
認諾離婚のとき→認諾調書の謄本
判決離婚のとき→判決書の謄本と確定証明書

証人（協議離婚のときだけ必要です）		
署名押印	山田　太郎　（山田）印	山田　花子　（山田）印
生年月日	1985年　○月　○日	1985年　○月　○
住所	東京都文京区○○　○○ ~~番地~~ 番　○号	東京都文京区○○　○○ ~~番地~~ 番
本籍	東京都文京区○○　○○ ~~番地~~ 番	東京都文京区○○　○○

夫婦で証人になってもらう場合は、印鑑は各自別のものを押してもらう

□には、あてはまるものに☑のようにしるしをつけてください。

今後も離婚の際に称していた氏を称する場合には、左の欄には何も記載しないでください（この場合にはこの離婚届と同時に別の届書を提出する必要があります。）。

同居を始めたときの年月は、結婚式をあげた年月または同居を始めた年月のうち早いほうを書いてください。

届け出られた事項は、人口動態調査（統計法に基づく基幹統計調査、厚生労働省所管）にも用いられます。

父母が離婚するときは、面会交流や養育費の分担など子の監護に必要な事項についても父母の協議で定めることとされています。この場合には、子の利益を最も優先して考えなければならないこととされています。

・未成年の子がいる場合は、次の□のあてはまるものにしるしをつけてください。

☑面会交流について取決めをしている。
□まだ決めていない。

（面会交流：未成年の子と離れて暮らしている親が子と定期的、継続的に、会って話をしたり、一緒に遊んだり、電話や手紙などの方法で交流すること）

・経済的に自立していない子（未成年の子に限られません）がいる場合は、次の□のあてはまるものにしるしをつけてください。

☑養育費の分担について取決めをしている。
□まだ決めていない。

（養育費：経済的に自立していない子（例えば、アルバイト等による収入があっても該当する場合があります）の衣食住に必要な経費、教育費、医療費など。）

詳しくは、各市区町村の窓口において配布している「子どもの養育に関する合意書作成の手引きとＱ＆Ａ」をご覧ください。法務省ホームページ（http://www.moj.go.jp/MINJI/minji07_00194.html）にも掲載されています。

旧姓に戻す場合はチェックを入れて記入する
婚姻中の氏を継続する場合は空欄にしておく
※氏を継続する場合は、離婚届と一緒に「離婚の際に称していた氏を称する届け出」を出した方が手続きが楽なので、提出までに準備しておくとよい

未成年の子がいる場合は、面会交流・養育費の分担についてもチェックを入れる

名前は戸籍どおりに書く（婚姻中のもの）
※離婚届は本籍地か所在地の市区町村役場の戸籍課に提出するが、本籍地以外のところで出す場合は戸籍謄本が必要になるので、先に取得して見ながら書くとミスが減らせる

本籍地の市区町村を書く

住民票に記載されている住所を書く
※離婚と同時に転入届・転出届を提出する場合は、新しい住所を書く

本籍の住所も住民票の通りに正しく書く

別居してないなら空欄にしておく

印鑑は各自のものを押す
※認め印も可

離　婚　届

令和 ◯ 年 ◯ 月 ◯ 日届出

東京都豊島区 長殿

受理　令和　年　月　日　第　号
送付　令和　年　月　日　第　号
書類調査　戸籍記載

	夫	妻
（よみかた）	こいけ　いちろう	こいけ　あやこ
(1) 氏名	氏 小池　名 一郎	氏 小池　名 絢子
生年月日	1984年 ◯ 月 ◯ 日	1986年 ◯ 月 ◯ 日
住所（住民登録をしているところ）	東京都豊島区◯◯ ◯◯ 番地／番 ◯ 号 世帯主の氏名 小池　一郎	東京都練馬区◯◯ ◯◯ 番地／番 ◯ 号 世帯主の氏名 小池　一郎
(2) 本籍（外国人のときは国籍だけを書いてください）	東京都豊島区◯◯ ◯◯ 番地／番 ◯ 筆頭者の氏名 小池　一郎	
父母の氏名 父母との続き柄（他の養父母はその他の欄に書いてください）	夫の父 小池　一夫　母 小池　桜子　続き柄 二男	妻の父 岡本　太郎　母 岡本　葉子　続き柄 長女

(3) 離婚の種別
☑協議離婚
□調停　年　月　日　成立
□審判　年　月　日　確定
□和解　年　月　日　成立
□請求の認諾　年　月　日　認諾
□判決　年　月　日　確定

(4) 婚姻前の氏にもどる者の本籍
□夫 ☑妻 は □もとの戸籍にもどる ☑新しい戸籍をつくる
◯◯ 番地／番　筆頭者の氏名 小池絢子

(5) 未成年の子の氏名
夫が親権を行う子
妻が親権を行う子 小池太郎、小池花子

(6) 同居の期間
平成23 年　4 月 から（同居を始めたとき）
令和2 年　4 月 まで（別居したとき）

(7) 別居する前の住所
番地／番　号

(8)

(9) 別居する前の世帯のおもな仕事と
□1.農業だけまたは農業とその他の仕事を持っている世帯
□2.自由業・商工業・サービス業等を個人で経営している世帯
☑3.企業・個人商店等（官公庁は除く）の常用勤労者世帯で勤め先の従業者数が1人から99人までの世帯（日々または1年未満の契約の雇用者は5）
☑4.3にあてはまらない常用勤労者世帯及び会社団体の役員の世帯（日々または1年未満の契約の雇用者は5）
□5.1から4にあてはまらないその他の仕事をしている者のいる世帯
□6.仕事をしている者のいない世帯

(10) 夫妻の職業
（国勢調査の年・・・年・・・の4月1日から翌年3月31日までに届出をするときだけ書いてください）
夫の職業 会社員　妻の職業 会社員

その他

届出人署名押印
夫 小池　一郎 印（小池）
妻 小池　絢子 印（小池）

事件簿番号

同居期間はおおよそで構わない
※別居と同居を繰り返している場合は最初の同居開始日と直近の別居開始日を書く
離婚届を出す際にまだ同居しているなら「別居したとき」は空欄にしておく

親権者が書かれていないと受理されないので、未成年の子供がいる場合は全員もれのないように記載する

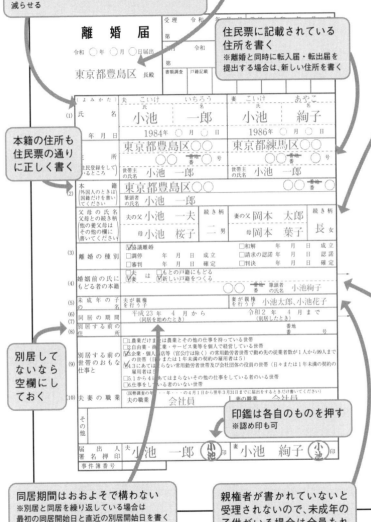

意外と気を付けるべき点がたくさんあるんですね

そうですね。後は、日付は提出する日なので、最後に書くといいでしょう。また、協議離婚の場合、必ず**双方の自筆の署名と捺印をしたうえで提出しなければならない**のですが、署名捺印以外の箇所はどちらが書いても構いませんので、他の箇所を先に埋めて置いて、署名捺印だけしてもらうというのも1つの方法です。もしくは、署名捺印だけしてもらっておいて、あとから他を埋めることもできます

確かに署名捺印だけなら、面倒くさがりな相手でもなんとかやってくれそうですね

そうですね。最後に、証人欄は、夫婦で証人になってもらう場合、印鑑を別々のものにしてもらう必要があるので、その点は気をつけてください。修正する際は二重線と訂正印で行います。修正液等は使用してはいけません

了解です。最後の最後まで気を抜かずにいきたいと思います！

不安があるときは離婚届の不受理届を

離婚届の不受理届とは

これは補足なのですが、離婚自体には合意しているけれど離婚条件がまとまっていないケースで、一方的に離婚届を出されてしまう恐れがある場合や、離婚届に強引にサインさせられた時は、「離婚届の不受理届」を出しておきましょう

離婚届けの不受理届って何ですか?

離婚届けを役所が受け付けないようにする届け出のことです

相手も離婚希望なら、早く離婚できた方がすっきりして良いのではないですか?

基本的に**お金の問題と離婚はセットで行うべき**なのですが、お金の条件が決まる前に離婚届を出されてしまうというトラブルがよくあるんですよ

えっ、離婚届って勝手に出せるものなんですか？

もちろん、偽造して提出すると有印私文書偽造ですが、喧嘩の際等に「とりあえず書いた」離婚届を勝手に出されてしまったというのはよくあることです。もしサインが本人のものの場合は、無効を主張するために、書いた時は離婚の意思があったが、出された時にはその意思はなかったことを立証する必要があります

なるほど。そういえば、うちにも、昔喧嘩したときに貰ってきた離婚届があったはず……。もう記入済みだったような

そういうのを勝手に出されてしまうと、とても面倒なことになるんですよ。あとは、親権の欄のチェックも、勝手に書かれて出されてしまった場合は、後から争うことはできますが、それをどう立証するかという問題が出てきます

親権って一度決まるとなかなか変えられないんですよね？　大変じゃないですか！

そうなんですよ。私の担当した事案でも、旦那さん側に親権があるという内容の離婚届を出した後で、奥さんから離婚届が無効であると訴えられたことがありました

どうなったんですか？

私は旦那さん側で、旦那さんは話し合って決めたと主張し、奥さんは脅されて書いたものだと主張しました。それに対して裁判所は、証拠がないとして、離婚届を無効とはしませんでした

それは、証拠を出すのは難しそうですね……

ですから、不安がある方は離婚届の不受理届は出しておきましょう。本籍地の役所に身分証明書と印鑑を持っていき、「不受理申立書」を記入して提出するだけです。

お近くの役所でも手続きはできるのですが、効力が発揮されるのが手続きをした役場から本籍地の役場まで申立書が送付されて受理されてからですので、緊急性がなければ、近所の役場に提出しても大丈夫です

それなら、離婚届を貰うついでにできそうですね

取り下げも簡単で、不受理取下書を提出するか、本人が離婚届を出せば自動的に取り下げと認識されます。また、以前は不受理期間は最長6か月間と期限が決められていましたが、現在は無期限となりましたので、ぜひ活用してみてください

第６章
それでもこじれてしまったら

1.弁護士に依頼する

話し合いにならないときは

ここまで自力で協議離婚をするための方法をいろいろ教えていただきましたが、それでもこじれてしまった場合はどうすればいいのでしょうか？　例えば、相手が話し合いをのらりくらりと逃げたり、お互いが条件面で妥協できないとか

難航すると最終的には法的判断を仰がなければね、ということになってしまう可能性は高いと思います。話が進まなくなれば、弁護士に依頼した方がいいでしょう

そういうケースってよくあるんですか？

そうですね。「財産分与半分、親権は欲しい、養育費も欲しい」という一般的な要

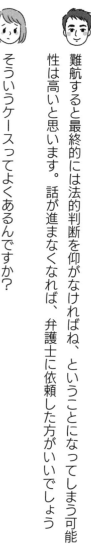

望の奥さん側の代理人について離婚交渉をしたことがあるのですが、その時は1年くらい交渉して解決できました。じっくり話して、養育費の金額は若干調整しましたが、親権と財産分与については旦那さんにのんでもらって離婚できました

どういう風に説得したんですか？

相手方の言い分にも耳を傾けた上で、別居状態を継続することのデメリットと離婚することのメリット等を丁寧に説明するとともに、感情のわだかまりを1つずつ解消する形で説得を試みたのですが、先方は「○○の支払割合がこちらの方が多かった」といった過去の費用の精算等の細かいことにも拘っていたため、これらの絡み合った紐を1つずつほどいていくように進め、何とか説得できました

なるほど、そうすると、やはりあまりにもこじれてしまったら、弁護士さんに入ってもらった方が、望む結果は得られそうですね

そうですね。あとは、財産関係が複雑で、評価も含めて判断が難しいということで

あれば弁護士を入れた方が楽だと思います。売ってお金にできれば問題ないのですが、売らないで評価する場合は何が客観的なのかという問題になることが多いので

なるほど。相手の言い値に疑問があるとき等ですね

あとは、相手が話し合いをしてくれなかったり、ＤＶを行うようであれば、当事者だけでは難しいので弁護士を入れた方がいいです

それは確かに。ちなみに、弁護士さんに依頼するデメリットって何かありますか?

デメリットは、間に弁護士が入ることで相手が頑なになる可能性があることと、経済的な面ですね

弁護士費用の目安は?

ああ、確かにお値段は気になるところです。いくらくらいなんですか?

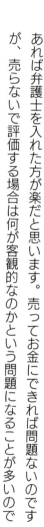

まずは相談からというのが一般的なのですが、これはおおむね30分5000円くらいが多いです。余裕をもって話すなら1時間あれば、親権が取れそうか、財産分与がどれくらいできそうか等、大まかな相談はできるでしょう

そうすると、まず相談で1万円ですね。相談して、次はどうなるんでしょうか?

そこから間に入ってもらうかどうかは自由です。相談から先に進むとなった場合ですが、料金設定は事務所によってまちまちです。昔は、日弁連が報酬基準を出していたため一律に決まっていたのですが、いまは撤廃されて自由化されているので

弁護士業界も自由化があったのですね。大体の目安ってありますか?

そうですね、日弁連の旧報酬基準に従っている事務所が多いので一例として紹介しますと、まず弁護士報酬の形式としては、**手続きの段階ごとに着手金と報酬金が発生**します。着手金は最初に払うお金、報酬金は基本、終わった段階で払うお金です

前払い分と後払い分があるんですね

はい。概算で言いますと、交渉だけで20万＋20万、調停だけですと30万＋30万、訴訟だけですと40万円＋40万円というように着手金と報酬金がかかります

交渉が協議の段階ということですよね。そうすると、協議だけで終わったとしても40万円……？

そうですね。交渉の段階からご依頼いただいたとすると、着手金に20万、離婚が成立したら報酬金が＋20万円ですので合計40万円です。もし交渉だけではまとまらなくて、調停まで行き、そこで離婚が成立した場合は、事務所によっては着手金を半額にしていたりするのですが、その場合でも着手金が20万＋15万と報酬金30万で、65万となります

おお……

これが基本報酬なので、財産分与、慰謝料等の財産給付があるときは、財産給付の実質的な経済的利益の額によって、一定額が加算される場合もあります

さらに追加で……。弁護士さんに頼むのは、結構お金がかかるんですね。そういえば、弁護士さんを通して養育費等が貰えるようになった場合、月々貰う養育費から何パーセントか支払うということがあると聞いたことがあります

細かくとる所もあるかもしれません。まあ、相談に行った際にざっくばらんに料金を聞いていただければ、弁護士には説明する義務がありますからしっかり答えてくれるでしょう。見積もりも言っていただければ出しますし

見積もりも取れるんですね。どういう段階で見積もりを貰えばいいですか？

だいたいどこでも30分5000円くらいで相談だけ受け付けているので、このときに見積もりを貰うといいと思いますよ

弁護士の探し方

でも、弁護士さんってどうやって探せばいいんでしょうか?

自分で弁護士を探したいという場合には、紹介が良いと思います。どういう先生かある程度分かる可能性もありますし、紹介された弁護士側としても、信頼のある方からの紹介であれば接しやすいですから

もし紹介してもらえそうな心当たりがない場合は……?

インターネットで、離婚事件の取り扱いが多い先生を探すのが一番早いと思います

インターネットで「弁護士」と検索すると山のように出てくるのですが、どうやって絞り込めばいいでしょうか?

「地域名　弁護士　離婚」で検索すると絞り込みやすいかもしれません。インター

ネットで離婚専門で集客しているところは、ＨＰに色々離婚についての情報を書いていると思います。ただし、年配の先生ですとＨＰからの集客は注力していないので、あまり書いていないこともありますが

なるほど、便利な時代ですね。インターネットで弁護士さんを探すうえで、気を付けた方がいいこと等はありますか？

自ら弁護士を探すのであれば、ＨＰでどういう仕事をしている弁護士なのか見ていただいて、報酬基準が書かれていればそれを見て、どれくらいお金がかかるのか理解したうえで、法律相談を申し込まれるといいと思います

分かりました！

あとは、どうしても誰に頼めばいいか判断できない、という場合には各弁護士会が法律相談を受け付けているので、そこに頼んでもいいかもしれません。東京都内の弁護士会の法律相談センターは「https://www.horitsu-sodan.jp/」で検索できますよ

法律相談センターのHP

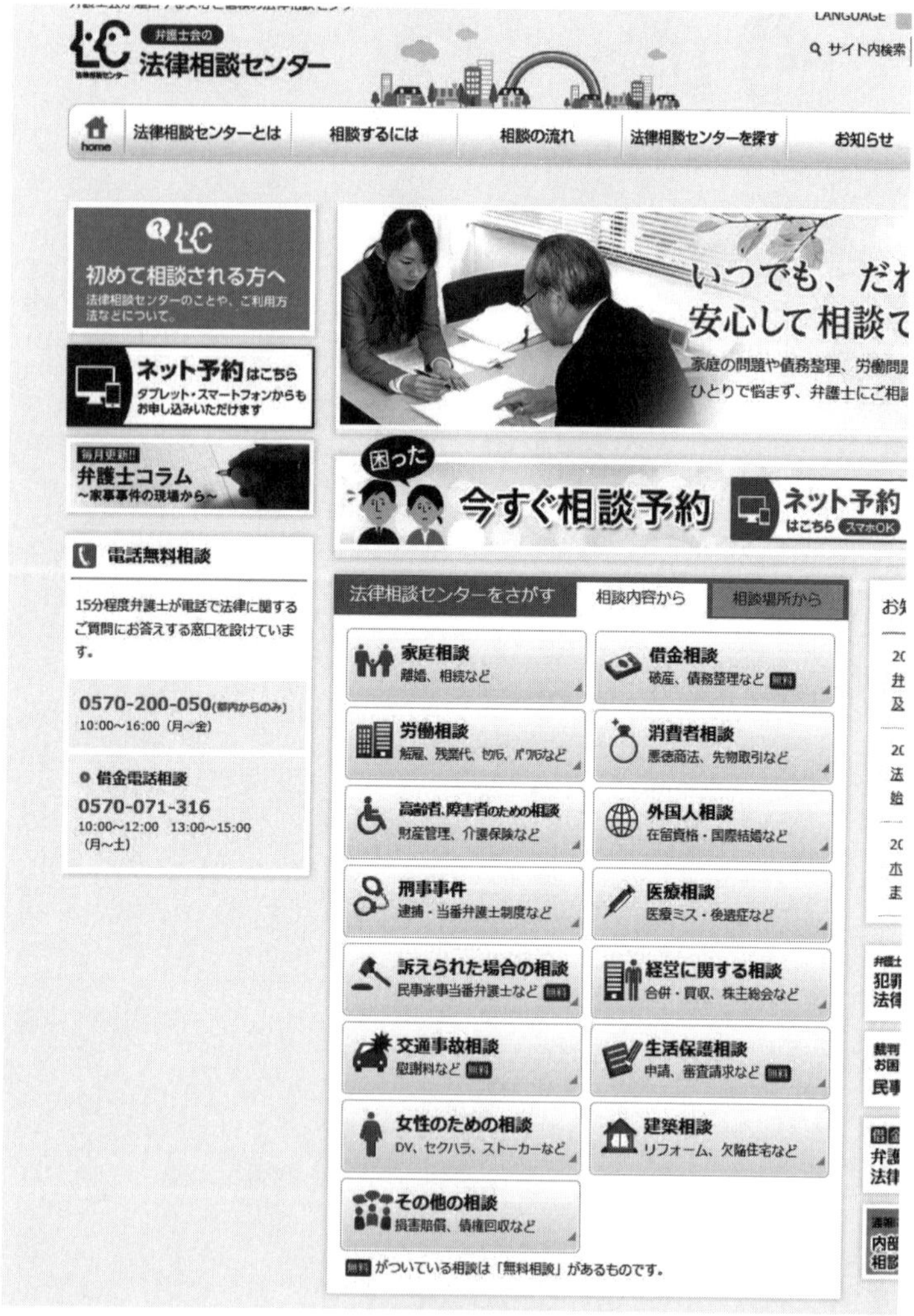

法律相談センター　https://www.horitsu-sodan.jp/

相談内容や相談場所から探すことができるんですね

そうですね。東京ならば、家庭問題の法律相談については新宿でやっています。毎回違う弁護士がいますので、30分５０００円と有料になってしまいますが何人かの弁護士に相談して、相性の良さそうな弁護士に正式に依頼してもいいでしょう

良い人に巡り合えたら後が安心ですものね

はい。あと、これは紹介でもインターネットでも共通して言えることですが、電話だけで全て相談して、電話だけで依頼するかどうか決めるのは避けた方がいいでしょう。依頼しないというのが前提でしたら、電話で聞くというのもいいかもしれませんが、依頼する前提でしたら絶対に直接会ってから決めてください

なぜ電話だけだと良くないんですか？

直接会ってみて話をしないと、合う合わないが分からないからです。例えば、依頼

者がこうやりたいと言っているのに、あまりにも上から目線でそんなの無理だよと何でもかんでも拒絶してくる相手だと嫌になってしまいますよね

それはそうですね

ある程度、同じ目線に立って「頑張りましょう」と言ってくれる方がやりやすいと思うんですよ。あと、話を聞いたうえで、どういう方法があるかアドバイスをくれ、その方法が取れない場合は代替案としてこういうものがある、というところまで示してくれる弁護士がいいと思いますね

ちゃんと代替案を紹介してくれる方ということですね！ 私も頼むときはそういう人を探したいです。ちなみに、弁護士さんに会うための準備って何かありますか

そうですね。もし相談に行くなら、相談時間を最大限生かすために、**関係書類一式と知りたいことのメモ、離婚を決意するに至ったことを時系列にまとめたもの等を持っていくといい**でしょう

相談料無料の法テラスに相談してみよう

ちなみに、法テラスの相談なんかですと資力によっては無料相談なんかもやってくれるので、まずはそちらに行かれてみてもいいかもしれません

法テラスって何ですか?

法テラスというのは、正式には日本司法支援センターといいまして、国が設立した法律にまつわる相談所のようなものです。相談先を紹介してくれたり、234ページの資力と資産の要件を満たせば無料で法律相談にのってくれる機関です

家族の人数や自分の年収、資産が基準になるのですね

そうです。この要件を満たせば、1つの事件について3回まで無料で相談することができます。ただし、3回とも別の弁護士になりますが

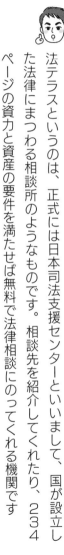

資力要件※1

下記を満たしていることが要件となります

家族の人数	手取月収額の基準	
	申込者及び配偶者の、賞与を含んだ手取り月額※2	家賃または住宅ローンを負担している場合に付加できる限度額
1人	18万2000円以下 (20万200円以下)	4万1000円以下 (5万3000円以下)
2人	25万1000円以下 (27万6100円以下)	5万3000円以下 (6万8000円以下)
3人	27万2000円以下 (29万9200円以下)	6万6000円以下 (8万5000円以下)
4人	29万9000円以下 (32万8900円以下)	7万1000円以下 (9万2000円以下)

※1　東京、大阪等(生活保護一級地)はカッコ内の数字で見る
※2　離婚の場合は配偶者の収入は合算しない

資産要件

下記を満たしていることが要件となります

家族の人数	資産合計額(申込者及び配偶者の保有する現金及び預貯金)の基準※3
1人	180万円以下
2人	250万円以下
3人	270万円以下
4人以上	300万円以下

※3　離婚の場合は配偶者の資産は合算しない

法テラスHP(https://www.houterasu.or.jp/madoguchi_info/faq/faq_3.html)より作成

無料というのはすごいですね。相談以外はできないんですか？

相談を担当した弁護士に法テラスの料金で依頼をすることもできます。着手金や報酬金も一定に決まっており、普通に頼むよりは安くなることが多いです

どれくらい変わるんですか？

法テラス埼玉のＨＰを見ると分かりやすく書いてあります[16]。目安の料金を公開しているのですが、それによると調停なら実費2万円で着手金が10万8000円、調停不調後の訴訟で原告の場合は実費が3万5000円、着手金は16万2000円、訴訟原告の場合は実費が3万5000円で着手金が22万6800円ですのでそこに別途、報酬金がかかることになります

報酬金の金額次第ですが、だいぶ変わるんですね。うちは資産状況も月収も問題なさそうなので、頼むときは法テラスにしようかな……

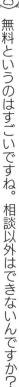

法テラスの場合の報酬金は、金銭給付がなければ調停、訴訟いずれも6万4800円～12万9600円、金銭給付がある場合は、3000万円までは現実に入手した金額の10%となるようですね[17]

それならなんとかなるかも……

しかも、着手金や実費を立て替えてくれる制度もあり、それを利用すれば**月5000円～1万円程度の分割払いにすることができる**んです

ええ、なんとありがたい……！

そうなんです。ただし、審査に2～3週間程度かかることや、法テラスと弁護士と依頼人の3者契約になるので、弁護士を解任するのに時間がかかる、等のデメリットもあります

なるほど、メリットとデメリットを考えて決めるべきなんですね

2・調停をやってみよう

調停とは何か

もし、話し合いでは相手が離婚に応じてくれなかったり、条件の折り合いがつかない場合は調停を行うことになります

調停は、裁判所の調停委員が落としどころを探ってくれるというやつですね

そうです。正式名称は「夫婦関係調整調停」といい、夫婦関係の回復を目指す「円満」と、離婚をめざす「離婚」がありますが、調停と言えば「夫婦関係調整調停（離婚）」を指すことが多いですね

調停も種類があるんですね。調停と協議の違いは調停委員以外にもありますか？

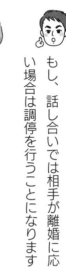

調停で決まったことは、裁判の確定判決と同一の効果がある「調停調書」になるので、養育費の支払い等が決まったのに支払われないと強制執行もできます

公正証書を作らなくても強制力があるのはいいですね！

ただ、調停が開かれる日を「**期日**《きじつ》」と呼ぶのですが、これが平日限定なので、平日に何度か家庭裁判所に行かなければならないのと、次の期日まで1か月程度あいてしまうことが多いので、時間がかかるという欠点があります

平日に何度も休みをとるのは大変かも。調停はどれくらいの割合で成立するんですか？

調停も話し合いなので、当然折り合いがつかないと不成立になります。これは離婚後の財産分与や婚姻費用分担事件も含んだデータではあるのですが、約16％は調停不成立、約21％が取り下げとなっており、成立は約54％のようです[18]

意外と調停までいっても成立しないんですね。調停はどうやって始めればいいのでしょうか？

調停の申し込み方と費用

まず、相手の住所地を管轄する家庭裁判所に、次のものを持って行き、申し込みを行います

（1）夫婦関係等調整調停申立書及びその写し1通

（2）申立添付書類
標準的なものは次の通り
・夫婦の戸籍謄本（全部事項証明書）
・年金分割のための情報通知書（49ページ参照・年金分割割合についての申立てが含まれている場合・発行日から1年以内のもの）

※申立て先の家庭裁判所によってはその他の書類を求められることがあります

夫婦関係等調整調停申立書の書き方

この申立書の写しは，法律の定めるところにより，申立ての内容を知らせるため，相手方に送付されます。

※　申立ての趣旨は，当てはまる番号（1 又は 2，付随申立てについては(1)～(7)）を○で囲んでください。
□の部分は，該当するものにチェックしてください。
☆　付随申立ての(6)を選択したときは，年金分割のための情報通知書の写しをとり，別紙として添付してください（その写しも相手方に送付されます。）。

申立ての趣旨

円満調整	関係解消
※ 1　申立人と相手方間の婚姻関係を円満に調整する。 2　申立人と相手方間の内縁関係を円満に調整する。	※ ①　申立人と相手方は離婚する。 2　申立人と相手方は内縁関係を解消する。 （付随申立て） (1)　未成年の子の親権者を次のように定める。 ＿＿＿＿については父。 太郎、花子　については母。 (2)　（□申立人／□相手方）と未成年の子 太郎、花子 が面会交流する時期，方法などにつき定める。 (3)　（□申立人／□相手方）は，子太郎、花子の養育費として，1人当たり毎月（☑金40,000円　／　□相当額）を支払う。 (4)　相手方は，申立人に財産分与として，（☑金1,225,000円　／　□相当額　）を支払う。 (5)　相手方は，申立人に慰謝料として，（☑金1,000,000円　／　□相当額　）を支払う。 (6)　申立人と相手方との間の別紙年金分割のための情報通知書（☆）記載の情報に係る年金分割についての請求すべき按分割合を，（☑0．5　／　□（＿＿＿＿））と定める。 (7)

相手に住所を知られたくない場合は「年金分割のための情報通知書」の写しを作る際に、住所の部分を覆い隠すなどしたうえでコピーを行い、それを添付する

金額がはっきりしないときは「相当額」にチェックを入れる

按分割合の上限は 0.5 なので、それ未満を定める場合だけカッコ内に按分割合を記入する

の　理　由

同居・別居の時期

同居を始めた日…昭和／（平成）／令和　○年　○月　○日　　別居をした日…昭和／平成／（令和）　○年　○月　○日

申立ての動機

※当てはまる番号を○で囲み，そのうち最も重要と思うものに◎を付けてください。

①　性格があわない	2　異性関係	3　暴力をふるう	4　酒を飲みすぎる
5　性的不調和	⑥　浪費する	7　病気	
8　精神的に虐待する	9　家族をすててかえりみない	10　家族と折合いが悪い	
11　同居に応じない	12　生活費を渡さない	13　その他	

夫婦（2/2）

同居期間はおおよそで構わない
※別居と同居を繰り返している場合は最初の同居開始日と直近の別居開始日を書く
調停の申立書を出す際にまだ同居しているなら「別居したとき」は空欄にしておく

申立書を提出する裁判所名を書く

この申立書の写しは，法律の定めるところにより，申立ての内容を知らせるため，相手方に送付されます。

受付印

夫婦関係等調整調停申立書　事件名（　離婚　）

（この欄に申立て1件あたり収入印紙1，200円分を貼ってください。）

書類を作成した日付を書く

収入印紙	円
予納郵便切手	円

（貼った印紙に押印しないでください。）

東京　家庭裁判所　御中 令和　〇年　〇月　〇日	申立人（又は法定代理人など）の記名押印	小池　絢子　㊞（小池）　印

添付書類	（審理のために必要な場合は，追加書類の提出をお願いすることがあります。） ☑ 戸籍謄本（全部事項証明書）（内縁関係に関する申立ての場合は不要） ☑（年金分割の申立てが含まれている場合）年金分割のための情報通知書 □	準口頭

申立人	本籍（国籍）	（内縁関係に関する申立ての場合は，記入する必要はありません。） 東京　都（道府県）　豊島区〇〇　〇〇番〇号	
	住所	〒〇〇〇－〇〇〇〇 東京都練馬区〇〇　〇〇番〇号（　　方）	
	フリガナ 氏名	小池《コイケ》　絢子《アヤコ》	大正・昭和・平成　61年　〇月　〇日生（　33　歳）
相手方	本籍（国籍）	（内縁関係に関する申立ての場合は，記入する必要はありません。） 東京　都（道府県）　豊島区〇〇　〇〇番〇号	
	住所	〒〇〇〇－〇〇〇〇 東京都豊島区〇〇　〇〇番〇号（　　方）	
	フリガナ 氏名	小池《コイケ》　一郎《イチロウ》	大正・昭和・平成　59年　〇月　〇日生（　35　歳）
対象となる子	住所	☑ 申立人と同居　／　□ 相手方と同居 □ その他（　　）	平成・令和　〇年　〇月　〇日生（　5　歳）
	フリガナ 氏名	小池太郎《コイケタロウ》	
	住所	☑ 申立人と同居　／　□ 相手方と同居 □ その他（　　）	平成・令和　〇年　〇月　〇日生（　1　歳）
	フリガナ 氏名	小池花子《コイケハナコ》	
	住所	□ 申立人と同居　／　□ 相手方と同居 □ その他（　　）	平成・令和　年　月　日生（　　歳）
	フリガナ 氏名		

（注）　太枠の中だけ記入してください。対象となる子は，付随申立ての(1)，(2)又は(3)を選択したときのみ記入してください。　□の部分は，該当するものにチェックしてください。

夫婦（1/2）

書類を準備するうえで何か気を付けた方が良いことってありますか？

「夫婦関係等調整調停申立書」は**相手にも送られるので、相手に知られたくないことは書かない方が良い**ですね。調停なら期日に調停員に直接話せばいいですから。あとは、書いたことって意外と忘れてしまうので、「夫婦関係等調整調停申立書」のコピーをとって持っていくといいでしょう

了解です。調停は費用ってどれくらいかかるんですか？

弁護士に頼まなければ、収入印紙代と郵便切手代で3000円かからない程度です

それはお手軽でいいですね！

調停の流れ

そして家庭裁判所に申立てると、大体1か月～1か月半後に調停期日が定められま

す。調停では、双方の話し合いを元に、お互いに合意できる点がないかどうかの確認と、その取り決め手続きを行います。3～5回ほど行うことが多いです

どんなことを話すんですか？

場合によりますが、1回目は調停委員のところに呼ばれ、申立書の内容を確認されます。そして2回目に条件が合えば離婚してもいいのか、絶対に離婚はしたくないのか等の話をして、3回目で「どうですか」と聞かれることが多いようです

なるほど。何か準備した方が良いものってありますか？

調停に臨む際は時系列等のメモを持って行くといいですね。あと、証拠があったらそれもまとめておきましょう。調停委員を説得するのに使えます。あとは養育費等を争うつもりなら、あまり高級品は身に着けていかない方が説得力が増しますね

たしかに、ブランドものをじゃらじゃらつけて、「生活が苦しいから増額してほし

い」とか言っても説得力ないですよね。そういえば、調停ってどこでやるんですか

申し込みを行った相手方の住所地を管轄する家庭裁判所です。ただ、もし子供が小さくて移動が難しい等の理由がありましたら、「自庁処理《じちょうしょり》」の上申書を提出し、それが認められれば、自分の住所地を管轄する家庭裁判所で行うことができます

遠方なら子連れで行くのも大変なので、相手が来てくれると助かりますね

そうですね。ただし、調停の場合は、相手が来ないと不成立になってしまいますので、相手の性格を見極めて、自庁処理を申し込むかどうか決めた方が良いでしょう

それは悩ましいですね。調停をいつやるかはどのように決まるんですか?

基本的には平日の日中、1回2時間程度、午前10時~12時と午後13時~15時半のどちらかで行われます

えー、最低でも2時間!? それは大変ですね。2時間も何をするんですか?

そうですね。最初と最後は双方当事者及びその代理人と調停委員が同席するのが基本で、その間の具体的な話し合いはどちらか当事者とその代理人が調停委員と面談し、次に他方当事者と交代して話をするというように、交代交代で話します

じゃあ、相手と会いたくない場合は会わないこともできるんですね。喧嘩になることがないのは良いですね! 調停をうまく進めるコツってありますか?

希望を明確にしておくことです。**落としどころ、引けないところ、裁判まで行っても構わないか、短期で終わらせたいか、長期化しても要望を曲げたくないか、等を決めておくことが大事**だと思います

調停後の流れ

なるほど。それで、調停が成立するとどうなるんですか?

まず、お互いに合意に至れば、調停調書を作り、調停成立です。調停が成立したら10日以内に調停調書の謄本と離婚届を本籍地か住所地の市区町村役場に提出します。このとき、離婚届はただの報告書のようなものですので、署名捺印は届出人1人のものだけでよく、証人も必要ありません

離婚届の意味合いも変わるってなんだか不思議ですね。それにしても、ひとりで出せるのは楽で良いですね。届け出るのはどちらでもいいんですか？

基本的には申立人（調停）か原告（裁判）が届出人になるのですが、調停の場合、元々男性が申立人だったとしても、女性を離婚の申出人として調停調書に記載することが多いです。というのも、**氏の問題があるので、女性が届出人となった方が手続きがしやすい**からです

あとは協議離婚と一緒ですか？

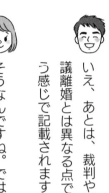

いえ、あとは、裁判や調停で離婚が成立すると戸籍にもその旨が記載されるのが協議離婚とは異なる点です。調停であれば、「離婚の調停成立日〇年〇月〇日」という感じで記載されます

そうなんですね。では、成立しないとどうなるのでしょうか？

あまりにもお互いの意見が離れすぎていると、調停委員も調停成立は難しいと考え、2、3回の調停期日を経て調停不成立となることがあります。基本的には大体3回目ぐらいまでに調停成立の見通しが立たなければ打ち切りで、調停不成立で終わりになるケースが多いです

調停が不成立になったらどうなるんですか？

不成立になった場合は、

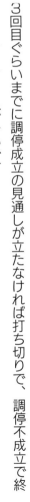

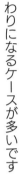

①現状維持
②訴訟（裁判）
③イレギュラーな手続きとして審判離婚《しんぱんりこん》

の3つの可能性があります

「審判離婚」ってなんですか？　初めて聞きました

審判離婚はかなり件数が少ないので一般の方が経験する事はほとんどないのですが、例えば調停等でほぼ離婚の話し合いがまとまりそうになっていたのに、一方が病気等で入院してしまい裁判所に来られなくなった、または理由は分からないけれど来ない、という場合には離婚調停としては双方の出席と双方の同意が必要となるので、離婚調停ができなくなってしまうんですね

そこまで進んでいたのに頓挫《とんざ》してしまったら嫌だな……

ですよね。ですから、そういう場合には離婚調停は成立しないけれども裁判所が職権で離婚を成立させてあげようという制度がありまして、それが審判離婚です。その場合には審判に対して離婚が成立するといいます

それは助かりますね。でも、立場を変えると、自分が休んでいる間に審判が出てしまった場合は困る気もしますね

そうですね。ですから、審判が出てから2週間以内でしたら不服を申立てれば、その審判の内容について争うことができます。ただレアケースなので、通常の人はあまり知らなくてもいい話かなとも思います

了解です。通常は不成立になるとどうなるんですか？

まぁ離婚訴訟になりますね、基本的には

3・裁判離婚も検討しよう

裁判離婚とは何か

協議、調停と経て、ついに離婚訴訟に至るわけですね。裁判って響きが重いですね……。裁判になると調停とは何が変わってくるんでしょうか

調停は話し合いなので、話し合いがまとまらない場合でも、裁判所が一方的に離婚か離婚でないかを決めることはありません

あくまでも話し合いが成立するかどうかの手続きが調停なんですね

はい。それに対して離婚裁判というのは、基本的には法律の要件に従って、離婚原因があるかどうかを裁判所が判断して、離婚原因があれば離婚の判決を下してくれ

る、原因がなければ離婚の判決は下してくれない、というものです。ただ、そもそも裁判に至ることって、とても少ないんですよ

え、そうなんですか？

例えば、2017年の離婚総数は21万2262件でしたが、裁判を経た離婚である和解《わかい》離婚《りこん》は3379件、判決《はんけつ》離婚《りこん》は2204件、認諾《にんだく》離婚《りこん》は9件でした。つまり、全体の約2・6％しかないんです[19]

裁判離婚の種類

たしかに少ないですね。それにしても、裁判離婚にはいろんな種類があるんですか？「和解離婚」「判決離婚」「認諾離婚」って初めて聞いたのですが……

離婚の案件は当事者同士の話し合いで終わることが絶対に良いと考えられているので、裁判手続になったとしても裁判所はまず絶対に和解をすすめます。再度お互い

に妥協できる点がないかを探るわけです。和解が成立すると、判決と同じ効力のある「和解調書」が作られます。これが**和解離婚**です

なるほど

それで和解が無理なようだと判断されてはじめて判決になります。**判決離婚**というのは、裁判所が離婚の判断をし、みんながその判断に従うことです。判決は強制力がありますので、必ず従わなければなりません

裁判の一般的なイメージはこれですね

そうですね。そして最後は**認諾離婚**です。訴えを起こされた側が離婚を受け入れることを「請求の認諾」といいます。この認諾があると、その時点で裁判は終了となり、判決と同等の効力をもつ「認諾調書」をつくることで離婚が成立します。ただし、**認諾は離婚にまつわることだけで、親権や慰謝料、養育費についての申立てがある場合は、行うことができません。**そのため認諾離婚はめったに起こりません

そうすると、裁判になった場合はだいたい和解か判決か、という感じになるんですね。裁判はどうやって手続きすればいいんですか？

離婚訴訟の手続き

離婚訴訟の場合は、まず調停を先に行い、これが不成立だった場合に訴訟に移るのはこれまでお話ししてきた通りです

「調停前置主義」ですね

そうです。そして調停が終わったらいよいよ離婚訴訟の申立てです。親権者や財産分与・年金分割・子供の養育費を同時に申立てることができます。あと、慰謝料請求をする場合はその訴訟も起こすことができます。離婚の訴状は裁判所のＨＰからダウンロードできます[20]

離婚訴訟の訴状の書き方

請求する項目の□にチェックを入れる

遅延時の利息を書く
※特に取り決めがなければ法定利率である年5分となる

請　求　及　び　申　立　て　の　趣　旨

原告と被告とを離婚する。

（親権者の指定）

続柄　名

☑ 原告と被告間の 長男 太郎（平成・令和○年○月○日生），長女 花子（平成・令和○年○月○日生），＿＿ ＿＿（平成・令和　年　月　日生）の親権者を□原告　□被告と定める。

□

（慰謝料）

☑ 被告は，原告に対し，次の金員を支払え。

☑ 金 ○○○ 円

☑ 上記金員に対する 離婚判決確定日の翌日 から支払い済みまで年 5 分の割合による金員

（財産分与）

☑ 被告は，原告に対し，次の金員を支払え

☑ 金 ○○○ 円

☑ 上記金員に対する離婚判決確定日の翌日から支払い済みまで年 5 分の割合による金員

□

□

（養育費）

続柄　名

☑ 被告は，原告に対し，令和○年○月 から 長男 太郎，長女 花子，＿＿ ＿＿が 満20歳に達する日の属する月 まで，毎月 ○ 日限り，子一人につき金 40,000 円ずつ支払え。

□

（年金分割）

☑ 原告と被告との間の別紙＿＿（年金分割のための情報通知書）記載の情報に係る年金分割についての請求すべき按分割合を，☑ 0.5　□（　）と定める。

□

訴訟費用は被告の負担とする

との判決（□及び慰謝料につき仮執行宣言）を求める。

上限なら「0.5」の□に、それ以下の場合右の□にチェックを入れ（　）に数字を記入する

請　求　の　原　因　等

1 (1) 原告と被告は，□昭和 ☑平成 □令和 ○ 年 ○ 月 ○ 日に婚姻の届け出をしました。

(2) 原告と被告間の未成年の子は，□いません。☑次のとおりです。

続柄	名	年齢	生年月日
長男	太郎	歳	（平成・令和○年○月○日生）
長女	花子	歳	（平成・令和○年○月○日生）
		歳	（平成・令和　年　月　日生）

成人している子は書く必要はない

2〔調停前置〕

夫婦関係に関する調停を

☑しました。

事件番号　東京 家庭裁判所　＿＿　平成・令和 ○ 年（家イ）第 ○○○ 号

結　　果　平成・令和 ○ 年 ○ 月 ○ 日　☑不成立　□取下げ　□（　　）

理　　由　☑被告が離婚に応じない　□その他（　　）

□条件が合わない（　　）

□していません。

理　　由　□被告が所在不明

□その他（　　）

3〔離婚原因〕

次の自由があるので，原告は，被告に対して，離婚を求めます。

□ 被告の不貞行為　□ 被告の悪意の遺棄　□ 被告の静止画３年以上不明

□ 被告が強度の精神病で回復の見込みがない　☑ その他婚姻を継続しがたい重大な事由

その具体的な内容は次のとおりです。

（注）　太枠の中だけ記入してください。□の部分は，該当するものにチェックしてください。

離婚（2ページ）

額は提出先の家庭裁判所の窓口で確認して記入する

提出先の家庭裁判所を記入する

作成日を記入する

自分の名前を書く

訴　　　状

事件名　離婚　　請求事件

訴訟物の価額	円
貼用印紙額	円
予納郵便切手	円
貼用印紙　裏面貼付のとおり	

東京　家庭裁判所　御中 令和　○年　○月　○日	原告の記名押印	小池　絢子　㊞（小池）印

原告	本籍	東京 都道府県（都） 豊島区○○　○○番○号
	住所	〒○○○－○○○○　電話番号○○○（○○○○）○○○○ファクシミリ　（　　） 東京都練馬区○○　○○番○号　（　　方）
	フリガナ 氏名	小池《コイケ》　絢子《アヤコ》
	送達場所等の届出	原告に対する書類の送達は，次の場所に宛てて行ってください。 ☑ 上記住所 ☐ 勤務先　(勤務先の名称　　) 〒　－　　電話番号　（　　） 住所 ☐ その他の場所(原告又は送達受取人との関係　　) 〒　－　　電話番号　（　　） 住所
		☐ 原告に対する書類の送達は，上記の届け出場所へ，次の人に宛てて行ってください。 氏名　　(原告との関係　　)
被告	本籍	原告と同じ
	住所	〒○○○－○○○○　電話番号○○○（○○○○）○○○○ファクシミリ　（　　） 東京都豊島区○○　○○番○号　（　　方）
	フリガナ 氏名	小池《コイケ》　一郎《イチロウ》
添付書類		☑ 戸籍謄本(甲第　号証)　☑ 年金分割のための情報通知書(甲第　号証) ☑ 甲第1号証～　第6号証　☐ 証拠説明書　☑ 調停が終了したことの証明書 ☐ 証拠申出書　☐
夫婦関係の形成又は存否の確認を目的とする継続中の事件の表示		裁判所　／平成・令和　年(　)第　号 事件名　事件／被告　被告

(注)　太枠の中だけ記入してください。　□の部分は，該当するものにチェックしてください。

現在、他にも夫婦関係の裁判を行なっている場合は記入する

訴状と一緒に提出する書類を記入する

※戸籍謄本は必ず提出する

※年金分割についての申し立てをするなら「年金分割のための情報通知書」を提出する

※原告から提出する書類を「甲第○号証」、被告から提出する書類を「乙第○号証」と呼ぶため、自分が原告で証拠として書類を出す場合は、書類の右上に「甲第１号証」というように番号をつけて提出する

財産分与を請求する場合には、婚姻中に形成された財産分与の対象となる財産を正確に記載する
※根拠となる証拠も添付する

れに対する離婚判決確定日の翌日から支払済みまで民法所定年５分の割合による遅延損害金の支払いを求めます。

６　財産分与について

⑴　原告が婚姻中に形成した財産は、●●●が●●円（甲１）、●●●が●●円(甲２)です。

他方、被告が婚姻中に形成した財産は、●●●が●●円(甲３)、●●●が●●円(甲４)です。

⑵　したがって、原告は、被告に対し、財産分与として金●●●●円及びこれに対する離婚判決確定日の翌日から支払済みまで民法所定年５分の割合による遅延損害金の支払いを求めます。

７　養育費について

原告の収入は、年●●●●円です(甲５)。他方、被告の収入は、年●●●●円です(甲６)。

したがって、原告は、被告に対し、長男の養育費として、●年●月から長男が２０歳に達する日の属する月まで金●●●円の支払いを求めます。

８　年金分割について

原告と被告の離婚時年金分割に係る第１号改定者及び第２号改定者の別、対象期間、按分割合の範囲は別紙のとおりです。したがって、請求及び申立の趣旨記載のとおり年金分割を求めます。

９　結語

よって、請求及び申立の趣旨記載の判決を求めます。

以上

請求する養育費の金額（月額）とともに、いつからいつまで養育費を支払ってもらいたいのかを明記する

慰謝料や財産分与に対する遅延損害金を求める場合には、いつからいつまでの遅延損害金かを明記する
※遅延損害金の利率については、特段の合意のない限り民法所定年５分となる

養育費を求める場合、双方の収入状況を明らかにするとともに、その裏付資料を証拠として提出する

（４ページ）

ページ番号を記入する

未成年の子がいる場合には、親権者を決めるにあたって考慮してほしい事情を記載する

離婚に至る事情を詳細に記載する
※時系列で記載すると分かりやすい

(1) 本件訴訟に至る経緯

原告と被告は、●年●月●日、婚姻し、その後、●年●月●日、長男●をもうけました。その後、原告は、●年●月頃より、仕事に復帰するようになりました。しかし、被告は、原告が仕事に復帰したにもかかわらず、育児や家事には一切協力しませんでした。そのため、原告は、被告に対し、再三、このような態度を改善するよう懇願したものの、被告の態度は一向に改善されませんでした。

また、・・・・・・このような状況が続いたことから、原告と被告の間では、喧嘩も耐えないようになりました。そのため、原告は、子供のためにも被告との関係を修復しようと思い、被告と話し合いの機会を設けたものの、被告は、上の空で原告の話を聞くだけで、話し合いにはなりませんでした。

そこで、原告と被告は、●年●月●日以降、別居することとし、現在に至ります。・・・

(2) 婚姻を継続し難い重大な事由

原告及び被告は、以上のような事情によって現在別居に至っているものでして、これ以上、婚姻を継続することは困難な状況にあります。したがって、原告と被告の間には、婚姻を継続し難い重大な事由が存在します。

4 親権者の指定について

原告は、●円程度の収入があり、長男・長女を養育するにあたって安定的な生活を送ることが可能です。また、これまで、被告は、家事及び育児に一切協力してはおらず、今後も長男・長女を適切に養育することは一切期待できません。・・・

したがって、長男・長女の親権者については、原告とすることが適切です。

5 慰謝料について

(1) 原告は、婚姻後、家事及び育児に努めるとともに、仕事に復帰した後も一人で家事及び育児に励んできましたが、上述のような被告の態度により婚姻関係が破綻し、離婚せざるを得ない状況に陥りました。これにより、原告は、甚大な精神的苦痛を被っており、これを慰謝するに足る金額は金●●●●円を下りません。

(2) したがって、原告は、被告に対し、慰謝料として金●●●●円及びこ

慰謝料を請求する場合には、慰謝料の発生原因となる被告による不法行為の内容を詳細に記載する
これによって原告に生じた損害である慰謝料の金額も記載する

離婚訴訟の訴状は比較的一般的な訴訟のものよりも分かりやすくなっているので、専門知識のない方でも書けるのではないかと思います

あれ、裁判って弁護士さんを挟まずに自分だけでもできるものなのですか？

できますよ。ただ、離婚訴訟は、時間や手間もかかり、何をどう話すかという戦略も必要となってくるので、正直なところ弁護士をつけることをお勧めします

では、自力でやるかどうかは別として、念のためにやり方だけ教えてください

そうですね。訴状が書けたら、認め印を押す前に2部コピーします。不倫相手に対する慰謝料請求と離婚訴訟を一緒に提起する場合は、3部コピーしてください。そして全ての原告欄に捨て印を押します

被告の人数分訴状がいるんですか？

その通りです。そして、家庭裁判所には次のものを提出します

①訴状
②夫婦の戸籍謄本及びそのコピー
③同時に申立てる内容について必要となる書類
・年金分割についての申立てをする場合は「年金分割のための情報通知書」及びそのコピー
・財産分与を行うなら不動産登記簿謄本等の共有財産に関する証書
・養育費を請求するなら源泉徴収票等のお互いの収入に関する証書等
※被告の人数分の書類が必要です
④収入印紙
⑤郵便切手

沢山書類が必要なんですね。収入印紙と郵便切手はいくらくらいかかるんですか?

離婚だけを求めるなら1万3000円分、財産分与や養育費も同時に申立てるなら各々プラス1200円（子供1人につき）、慰謝料を求めるならその金額に応じた

印紙と郵便切手を共に提出します。郵便切手の料金は各家庭裁判所で異なるので確認が必要ですが、6000円前後です

そうすると、うちの場合はもし裁判をするとしたら、財産分与と養育費も併せて請求するので、約2万5000円ですね

離婚訴訟の流れ

それで、訴訟を起こしたら、そのあとはどうなるんですか?

訴状等を提出してそれが受理されますと、第一回口頭弁論期日が裁判所に指定されます。同時に相手にも裁判所から期日の呼び出し状が届きます。そして訴状の提出から約1か月から1か月半後に第一回口頭弁論が行われます

口頭弁論ではどんなことをするんですか?

まずは、各々が主張と証拠を提出し、裁判官が争点を整理していきます。月一程度でこれを繰り返し、その後弁護士や裁判官から話を聞かれる「尋問」手続きを経たうえで、裁判官が、訴えた側が主張する離婚原因が存在するか否かを判断します

結構時間がかかりそうですね。どれくらいかかるんですか？

短ければ半年、長くて3年かかることもありますが、平均すると1年くらいですね

それは、疲れちゃいますね。和解もしたくなりますよね……。でも、もしそこで和解しなかったらどうなるんですか？

その場合は、離婚請求が認められるか棄却されるまで、つまり判決が出るまで裁判が続きます。そして、判決に不服がある場合は、2週間以内に控訴の申立てを行うことができます。お互いが控訴しなければ、判決が確定して裁判は終わります

棄却が確定になるとどうなるんですか？

棄却された場合は、現状維持で別居を続ける人が多い気がします。中には別居をしたまま話し合いを続ける人もいますが、ただ、その時点では離婚原因がないと判断されたことになるため、裁判で離婚をするには、判決後に新たな離婚原因ができたと示さなければならなくなります

大変そうですね……。逆に、請求が認められるとどうなるんですか？

請求が認められた場合は、離婚が確定するので、**判決確定から10日以内に離婚届を本籍地か住所地の役所に提出しておしまい**です

ついに……、長かったですね

そうですね。そしてこの場合の離婚届も調停と同様に裁判所で離婚が確定しましたよという報告の意味しかないので、離婚訴訟の原告1人が届出人となり、1人の署名捺印だけで提出できます

【付録】
離婚後の手続き
チェックリスト

窓口	☑	手続き	どんな時に	必要書類・備考・期限
市区町村役場	□	住民票の移動	住所が変わった場合	同じ市区町村内なら転居届、異なる市区町村に引越した場合は転出届と転入届を提出する。移動から14日以内
	□	印鑑登録	印鑑・氏・住所が変わった場合	印鑑と本人確認書類が必要
	□	世帯主変更届	世帯主が変わった場合	本人確認書類と印鑑が必要。変更から14日以内
	□	マイナンバーカード住基カード等の変更	名字を変更した場合 住所を変更した場合	マイナンバーカードまたは住基カードと印鑑が必要。変更から14日以内
	□	離婚の際に称していた氏を称する届	離婚後も婚姻中の氏を使用したい場合	147ページの「氏はどうなるの?」参照
	□	国民健康保険への加入	扶養家族だった人が国民健康保険に加入する場合	離婚届受理証明書、健康保険証、健康保険資格喪失証明書、印鑑が必要
	□	国民健康保険の変更手続き	・国民健康保険の加入者の住所が変わる場合 ・国民健康保険の加入者の氏が変わる場合	印鑑と国民健康保険被保険者証が必要
	□	国民年金の変更手続き	・厚生年金の加入者の扶養家族だった人が扶養を外れる場合 ・厚生年金の加入者の住所や氏が変わる場合	年金手帳、離婚届受理証明書、被扶養者資格喪失証明書、印鑑が必要。変更から14日以内
市税事務所等	□	住民税の減免等	税法上の寡婦または寡夫となった場合	年末調整または確定申告で行う
勤務先・税務署	□	所得税の減免等	税法上の寡婦または寡夫となった場合	年末調整または確定申告で行う

勤務先	□	社会保険・厚生年金への加入	厚生年金の加入者の扶養家族だった人が勤務先の厚生年金に加入する場合	勤め先に確認する
勤務先・年金事務所	□	社会保険・厚生年金の変更手続き	・厚生年金の加入者の扶養家族に変更があった場合 ・厚生年金の加入者の住所や氏が変わる場合	勤め先に確認する
郵便局	□	郵便物の転送手続き	住所が変わった場合	本人確認書類が必要。インターネットでも手続きが可能
法務局	□	不動産の名義変更	・財産分与によって不動産を譲り受ける場合 ・氏に変更がある場合	財産分与による名義変更か氏の変更かによって必要な書類が異なる。手続きが煩雑なため、司法書士や土地家屋調査士に依頼するのも1つの手
金融機関	□	住宅ローンの名義変更等の相談	財産分与によって相手名義の住宅ローンがある住宅を譲り受ける場合	住宅ローンを借りている金融機関に確認する
運輸支局（普通車・バイク） 軽自動車検査協会（軽自動車）	□	自動車の名義変更	・財産分与によって自動車を譲り受ける場合 ・氏に変更がある場合	財産分与による名義変更か氏の変更かによって必要な書類が異なる。財産分与なら旧所有者の委任状、印鑑証明、実印譲渡証明書などが必要となる
年金事務所	□	年金分割手続き	年金分割を行う場合	49ページの「年金分割」参照
各契約先	□	電気・ガス・水道・携帯電話、住居（賃貸）等の契約者情報変更手続き	契約者名や住所に変更がある場合	各契約先に確認
保険会社	□	保険の名義と受取人の変更	契約者名や住所等に変更がある場合	各保険会社に確認

窓口	☑	手続き	どんな時に	必要書類・備考・期限など
クレジット会社	□	各種カードの名義変更	名義や住所、引き落とし口座の名義等に変更がある場合	各クレジット会社に確認
住所地の警察署運転免許試験場	□	運転免許証の書き換え	氏や住所、本籍に変更がある場合	運転免許証、住民票の写し（本籍が載っているもの、マイナンバーは不要）が必要
各金融機関	□	銀行口座の氏名・住所変更	氏や住所に変更がある場合	各金融機関に確認
旅券申請窓口	□	パスポートの書き換え	本籍地の都道府県名や氏に変更がある場合	一般旅券発給申請書、戸籍謄本または抄本、パスポート用の写真、有効期限内のパスポートが必要
JRの窓口	□	JR通勤定期券の割引手続き	児童扶養手当受給世帯となった場合	役所の発行する児童扶養手当の証明書、印鑑、証明用写真が必要
各住宅供給公社	□	都道府県営、市営住宅への優先入居、家賃の減額	住宅に困窮している20歳未満の子供がいるひとり親世帯	各住宅供給公社に確認
元配偶者の勤務先	□	子の健康保険の資格喪失手続き	子供を元配偶者の扶養家族から外す場合	元配偶者の勤務先に確認。健康保険の資格喪失から14日以内
子の住所地を管轄する家庭裁判所	□	子の氏の変更許可申立	子供の氏を変更する場合	147ページの「氏はどうなるの？」参照
	□	入籍届	子供を自分の籍に入れる場合	子の氏の変更許可の審判書、離婚後の戸籍謄本（親、子各1通）、印鑑が必要
	□	児童手当の受取人変更	中学生までの子供がいる場合	「児童手当・特例給付受給事由消滅届」を元請求者が提出後に、「児童手当・特例給付認定請求書」を提出する

子供がいる場合

市町村役場

□	児童扶養手当手続き	18歳未満（政令で認める程度の障害がある場合は20歳まで）の子供を養育している母子家庭、父子家庭	所得制限あり。子どもの入籍後の戸籍全部事項証明書、住民証の写し（要マイナンバー）、申請者名義の預金通帳とキャッシュカード、年金手帳、申請者の所得証明書が必要
□	ひとり親家庭医療費助成	18歳未満の子供を養育している母子家庭、父子家庭	自治体によって異なるが、助成がある可能性がある
□	就学援助	子供を小中学校へ通学させるのが経済的に困難な場合	自治体によって異なるが、収入が規程範囲内なら、修学旅行費や給食費の援助が受けられることがある
□	母子父子家庭の住宅手当	20歳未満の子供を養育している母子家庭、父子家庭で、共同住宅を借りて家賃を払っている場合	自治体によって異なるが、5000円～1万円ほどの援助を受けられる可能性がある
□	障害児福祉手当	常時介護を必要とする20歳未満の子供が在宅している場合	所得制限があるため、年収が下がったことで対象になる場合がある
□	特別児童扶養手当	20歳未満の精神または身体に障害を有する子供を自宅で監護、養育している場合	所得制限があるため、年収が下がったことで対象になる場合がある
□	水道下水道料金の免除手続き	児童扶養手当受給世帯となった場合	自治体によって異なるが水道料金が安くなることがある
□	学校等の転校手続き	子供が転校する場合	新住所の住民票、在学・就学証明書、教科書受給証明書が必要
□	その他自治体のひとり親家庭に対する優遇制度		自治体によって制度が異なるため、自分の所属している自治体の制度を調べてみよう

おわりに

離婚は、最も身近な法律トラブルの1つです。

本書で述べてきましたとおり、離婚にあたっては、離婚原因の有無から始まり、財産分与、慰謝料、親権、養育費等様々な法律問題が生じる可能性があります。

また、日本においては、協議離婚による離婚が圧倒的に多いため、弁護士に依頼しないまま当事者同士の話し合いで解決するケースもとても多い状況にあります。

そのため、このような場合に、仮に相手方だけが離婚に関する知識を豊富に持っているとしますと、相手方の都合の良い条件で離婚を進められてしまう危険性が高まります。

離婚が法律トラブルである以上、往々にして知識の豊富さが有利に働くものです。


そこで、本書では、様々な事情で離婚に関する悩みをお持ちの方が、離婚問題を解決するための指針やイメージを持つことのできるよう、離婚に関する法的知識について丁寧かつ分かりやすく説明させていただきました。

そのため、皆さんが本書を読み終えた頃には、離婚に関して必要最低限の知識を得られているはずです。

なお、今回はページ数の関係から、国際離婚等の問題には触れることができませんでした。また、今後は日本でも、共同親権等の議論も活発になされていく可能性もあります。そこで、これらの点については、また別の機会をいただけるようであれば、そこで触れたいと思います。

このように書いてきますと、本書は私の力だけで完成したかのように聞こえてしまうかも知れません。

しかし、本書の出版の話は、小池さんからご提案をいただいたことがきっかけで、企画が動き出したものです。そして、何より、小難しくて分かりにくい法律用語を含んだ私の話をしっかりと聞いていただき、書籍としてまとめ上げるために、小池さんご自身も少なからず勉強をされていたのであろうと思います。そのため、このような小池さんのご尽力がなければ、本書の出版は到底なし得ないものでした。

このような機会を与えてくださった彩図社及び小池さんに、心より感謝申し上げます。

弁護士　権田典之

◇参考文献

・『慰謝料算定の実務』　千葉県弁護士会編　２００８年　ぎょうせい
・『新・離婚をめぐる相談１００問１００答』　第一東京弁護士会人権擁護委員会編　２００６年　ぎょうせい
・『離婚・離縁事件実務マニュアル（改訂版）』　東京弁護士会法友全期会家族法研究会編　２００８年　ぎょうせい
・離婚時の年金分割について　日本年金機構
https://www.nenkin.go.jp/pamphlet/kyufu.files/0000000011_0000023772.pdf（参照：２０２０－１－６）

◇引用元・参考にさせていただいたサイト

（1）中小企業退職金共済事業本部　退職金試算
http://chutaikyo.taisyokukin.go.jp/cgi-bin/sisan.cgi（参照：２０２０－１－６）
（2）（3）（4）（5）（6）（7）（8）（9）（10）（11）（12）
東京家庭裁判所　平成30年度司法研究（養育費，婚姻費用の算定に関する実証的研究）の報告について
http://www.courts.go.jp/about/siryo/H30shihou_houkoku/index.html（参照：２０２０－１－６）
（13）平成21年度インターネットによる子育て費用に関する調査　全体版　データ編　１・子育て費用額算出結果数表
https://www8.cao.go.jp/shoushi/shoushika/research/cyousa21/net_hiyo/pdf/zentai/data1_1.pdf（参照：２０２０－１－６）
（14）養育費・婚姻費用の新算定表とＱ＆Ａ　２０１８年（平成３０年）２月　日本弁護士連合会
https://www.nichibenren.or.jp/library/ja/publication/booklet/data/youikuhi_QA.pdf（参照：２０２０－１－６）
（15）厚生労働省　平成28年度全国ひとり親世帯等調査結果報告　17養育費の受給状況

https://www.mhlw.go.jp/stf/seisakunitsuite/bunya/0000188147.html（参照：２０２０−１−６）
（16）法テラス埼玉　弁護士費用・司法書士費用の目安
https://www.houterasu.or.jp/chihoujimusho/saitama/page17_00019.html（参照：２０２０−１−６）
（17）法テラス　業務方法書　Ｐ88
https://www.houterasu.or.jp/houterasu_gaiyou/kouhyou_jikou/sienhou/index.files/100862288.pdf（参照：２０２０−１−６）
（18）家庭裁判所における家事事件の概況及び実情並びに人事訴訟事件の概況等
http://www.courts.go.jp/vcms_lf/hokoku_07_04kaji.pdf（参照：２０２０−１−６）
（19）２０１７年の「人口動態調査、人口動態統計、確定数、離婚」の「離婚の種類別にみた年次別離婚件数及び百分率」
https://www.e-stat.go.jp/dbview?sid=0003214873（参照：２０２０−１−10）
（20）東京家庭裁判所　離婚訴訟事件の訴状
http://www.courts.go.jp/saiban/syosiki/syosiki_zinzisosyou/syosiki_01_39/index.html（参照：２０２０−１−６）

【著者略歴】

権田　典之（ごんだ・のりゆき）

弁護士・公認不正検査士。専門は、離婚や相続等の個人の民事事件一般、不動産関連案件、顧問企業を中心とした企業法務案件等。
1977年埼玉県生まれ。早稲田大学法学部卒業。2005年司法修習（修習期第58期）終了後、弁護士登録。都内法律事務所勤務を経て独立開業。現在、リーガルストラテジー法律事務所を運営。

弁護士さん　とにかく分かりやすく離婚について教えてください！

2020年2月20日第一刷

著者　　権田典之

発行人　山田有司

発行所　〒170-0005
株式会社彩図社
東京都豊島区南大塚3-24-4MTビル
TEL：03-5985-8213　FAX：03-5985-8224

印刷所　シナノ印刷株式会社

イラスト　マオ

URL https://www.saiz.co.jp　https://twitter.com/saiz_sha

ISBN978-4-8013-0419-2 C0032